淬 · 砺 · 教 · 育 · 的 · 当 · 代 · 实 · 践

淬砺教育的当代实践

夏君◎著

九州出版社
JIUZHOUPRESS

图书在版编目（CIP）数据

淬砺教育的当代实践 / 夏君著 . -- 北京：九州出版社，2019.10

ISBN 978-7-5108-8404-7

Ⅰ . ①淬… Ⅱ . ①夏… Ⅲ . ①幼儿园—课程—教学研究 Ⅳ . ① G612

中国版本图书馆 CIP 数据核字（2019）第 235314 号

淬砺教育的当代实践

作　　者　夏　君　著
出版发行　九州出版社
地　　址　北京市西城区阜外大街甲 35 号（100037）
发行电话　（010）68992190/3/5/6
网　　址　www.jiuzhoupress.com
电子信箱　jiuzhou@jiuzhoupress.com
印　　刷　北京虎彩文化传播有限公司
开　　本　787 毫米 ×1092 毫米　　16 开
印　　张　17.75
字　　数　254 千字
版　　次　2019 年 10 月第 1 版
印　　次　2019 年 10 月第 1 次印刷
书　　号　ISBN 978-7-5108-8404-7
定　　价　128.00 元

培根铸魂 淬砺绽放

（代 序）

这里，绿草茵茵，花果飘香。可爱的米奇运动场，充满挑战的游嬉山、空中树屋、飞行铁索、淬砺墙，精细的贝壳墙，时尚的螺丝板，灵动的水循环，好玩的蒙养池……这里是孩子们的乐园、学园和家园。

这里，有一位酷爱运动、满是情怀担当的园长，她倡导打破用钢筋混凝土的外衣包裹起来的儿童城堡，让阳光雨露照进来，让鸟语花香飘进来。她探寻教育真谛，精心规划挑战环境，带领全园教师投身幼儿淬砺教育的当代实践。

这里，有一群热爱幼教、深谙儿童内心需求的“孩子王”。她们乐学乐思，积极探索，不忘教育初心；她们团结协作，勇于创新，个个都是会三十六变的“魔术师”，潜心为孩子们打造快乐而又丰满的童年。

这里，成长着一批批活泼可爱、勇敢大方的小朋友，他们春天种草，夏天戏水，秋天爬树，冬天溜冰，身体好，能力强，善合作，乐探究，个个都具备“十个小本领”。他们笑对风雨，迎风傲立，茁壮成长。

中国公立第一园——湖北省实验幼儿园，历经两个甲子的办园历程，爷孙成了校友，旧屋换成新楼。116 年，变的是 14 次幼儿园更名、两次搬迁的历史，不变的是蒙以养正、守正出新的初心。

因为工作的关系，我经常来这里，每次来都有不一样的感受：淬砺环境常换常新，幼儿发展令人赞叹，教师成长日新月异……

学前教育是人生发展的基石，是根的教育、灵魂的教育。此书是湖北省实验幼儿园全体教职员工在园长夏君的带领下，对20余年淬砺教育实践经验的总结和提升，会对一线教师实施科学保教起到极好的指导和借鉴作用。现将此书推荐给大家，愿广大幼教工作者在幼教路上学有所获，学以致用，教如所愿；愿大家在“野蛮其体魄，锻炼其体能，淬砺其品质，文明其精神”的事业中淬砺绽放，成为淬砺教育当代实践的点灯人！

贺绍华

2019年8月

前　言

自古英雄多磨难，从来纨绔少伟男。成才需要坚韧的品质，新时代呼唤淬砺教育。

在时代变迁与发展中，新一代儿童远离了饥饿与困苦，享受着优越、充裕的物质条件和亲人们的悉心呵护。如果说家庭给孩子构建了第一层保护罩，而大多幼儿园为了规避“风险”，谨慎地为幼儿罩上了第二层保护罩，力图将风霜雨露、严冬烈日阻挡于外，保护孩子们“无忧”成长。殊不知，此刻的“无忧”却后患无穷。中华民族勇敢、坚毅、不畏困难、直面挫折的优良品质在新一代儿童的生命成长历程中渐行渐远，当代儿童自理能力、身体素质和心理品质也大不如以前。我们不禁思考：新时代的孩子们，究竟怎么了？

春蚕破茧成蝶，雄鹰蜕变重生。实践证明，适度的磨砺、挫折可以让孩子的意志更加坚韧，人生更加丰富。作为肩负时代使命的幼教工作者，我们意识到，在幼儿园实施淬砺教育，势在必行。自 1998 年开始，湖北省实验幼儿园开启了淬砺教育之旅。

何为“淬砺教育”？

淬砺教育又称“挫折教育”。淬砺是指制造刀剑必需淬火和磨砺，以增加锋度和硬度，常比喻人的刻苦锻炼。

淬砺教育的目的在于提升儿童的抗挫能力，增强其环境和社会适应性，使其获得受益终生的意志品质。抗挫能力的教育分为两个阶段：第一阶段——培养挫折耐受力：个体能够忍受得住挫折的打击和其带来的压力，并可以使自己的心理和行为保持正常的能力水平；第二阶段——培养挫折的排解力：个体积极采取行动直接调整和改变挫折，努力使挫折情境得到改善，从而使自己摆脱挫折状态。

为什么要开展“淬砺教育”？

当代幼儿自主个性表现有余而自理能力相对不足。从“中美家务清单对比”可以看到：4 岁左右的美国儿童，大多会做铺床、洗碗、养宠物等力所能及的家务事；在中国城市里，4 岁孩子已经开始参加各类兴趣班，在家长的陪同下，每周末奔波于舞蹈班、美术班、奥尔夫音乐班、击剑班甚至是马术培训班，很少有时间留在家里学做家务。在部分家庭，孩子的学习是全家人的事情，孩子只负责学习，家长包办学习外的一切，报各种学习班，只为考个好成绩，上个好大学。

若干年前《中日夏令营中的较量》一文在教育界引起了强烈的反响。虽然事实没有这么夸张，但中日孩子之间的差距的确让人揪心。20 余年过去了，日本的抗寒教育、吃苦教育开展得如火如荼。每当冬季寒潮来临，国内孩子们裹得里三层外三层，在邻邦日本，却是一番截然不同的景象：孩子们穿着小短裤，赤裸上身，在 4 摄氏度以下的严寒天气中“裸跑”，跑前用毛巾做热身操。跑步期间，有孩子不慎跌倒，但立马就爬起来继续奔跑。有的小朋友被冻得哇哇大哭，但还是在大人的鼓励下边哭边跑向终点。乍一看，这种在三九天里让孩子“裸跑”的举动未免太过“残酷”，但其实在日本，这样的做法已经说得上是一种“传统”了。许多幼儿园都会推行“裸保育”，在冬天对孩子们进行耐寒训练。

看看我们身边的孩子，聪明伶俐，活泼可爱，可相当一部分孩子被过度保护，遇到困难容易放弃，导致体能下降，缺乏意志和担当，更不用说自己想办法战胜挫折。长此以往，对孩子的生理发育不利，对幼儿精神成长不利，对整个国民身体和精神素质的提升也不利。因此，对幼儿进行抗挫教育符合时代发展的需求。

2019 年 4 月 9 日，习总书记带孩子们野外植树时谆谆嘱托：要文明其精神，野蛮其体魄。2016 年习总书记在出访英国时也指出：中国的孩子玩得太少，要让他们多玩玩。由此可见，在新的发展时期，对孩子们进行淬砺教育迫在眉睫。

怎样开展淬砺教育？

随着国家学前教育三年行动计划的深入实施，新一轮基础教育课程改革正以令世人瞩目的迅猛之势在全国推进，幼儿园课程改革也在如火如荼地进行。《3—6 岁儿童学习与发展指南》强调幼儿园教育要以为幼儿后继学习和终身发展奠定良好的素质基础为目标，以促进幼儿体、智、德、美各方面的协调发展为核心，实施科学的保育和教育，让幼儿度过快乐而有意义的童年。这也是我们这所百年老园一直在思考的问题，我们要如何借助学前教育的东风发新芽、展新姿？中国公立第一园该如何传承、创新，引领幼教专业发展？

经过多方学习和深入讨论，2016 年，以我为课题主持人，成功申报了湖北省教育科学规划课题《淬砺环境下提升幼儿抗挫能力的实践研究》。自此，幼儿园课程政策进入了快车道。我们充分挖掘园所文化思想内涵，秉承“释放天性、回归本真、淬砺教育、健康身心”的课程理念，致力于培养“旺体、博闻、厚德、蕴美”适应未来国际社会的健康儿童，进一步描绘“全面和谐发展、健康特色鲜明”的课程愿景。我们以《幼儿园教育指导纲要（试行）》《3—6 岁儿童学习与发展指南》《幼儿园工作规程》为依据，以实证研究为先导，积极探索城市幼儿园如何通过环境的创设，拓展儿童挑战与游戏的空间；通过“淬砺教育”园本课程的探索与实施，锻炼幼儿体能，磨炼其意志，培育其思维，提振其自信心，构建了一整套以健康教育为核心的旺体、美材、习德三维一体的“淬砺教育园本课程体系”，结集出版了《园所文化背景下的幼儿园环境创设》一书，取得了较好的实践效果，并产生着积极的示范和辐射效应。

本书详细介绍了淬砺教育的相关概念、淬砺教育园本课程体系、淬砺教育课程实施、管理保障等，并收录了部分经典案例和论文。

20 余年的淬砺教育实践，让孩子们更加强壮和自信，老师们更加柔韧与坚强。感谢本园科研团队的探索与付出，感恩光阴赐予的梦想与荣光。淬砺教育，我们永远在路上！

夏君
2018 年 8 月于武昌

目 录

第一章
淬砺教育的形成与发展

第一节　淬砺教育的文化渊源

一、中国文化视角下的淬砺教育

历史的长河奔流不息，浩浩荡荡，中国文化如璀璨的明珠在跌宕的历史中生长，在中华儿女的血脉中流淌，中国人勤劳勇敢、坚韧不拔、自强不息的精神文化代代相传。古往今来，从中国上古时代文明到现当代，从文化、政治到体育等各领域，刻苦磨炼、绝处逢生的淬砺精神深深影响着整个民族的发展。

上古时期，黄河下游地区的环境极其艰苦与恶劣，面临着严寒酷暑的不断交替，应对着丛林、沼泽、洪水等复杂地形及气候灾难的无情冲击，中华民族团结一心，顽强抗争，直面逆境，与恶劣环境不懈斗争，并在实践与想象中创造出许多与困难险阻奋力抗争的神话故事，如女娲补天、夸父追日、精卫填海、大禹治水、愚公移山等，无不歌颂着自强不息、坚韧不拔的意志品质，上古人民的淬砺精神将这片土地演变成为中华文明的摇篮。

孟子曰：故天将降大任于斯人也，必先苦其心志，劳其筋骨，饿其体肤，空乏其身，行拂乱其所为也，所以动心忍性，增益其所不能。意思是上天将要把重大使命降临一个人身上，必定要先使其意志受到磨练，筋骨受到劳累，身体忍饥挨饿，备受穷困之苦，做事总是不能顺利。以此来动摇他的心志，坚韧他的性情，增长他的才能，让他可以去完成从前不能完成的事。从古至今，成就一番事业的伟人无不跌宕沉浮，在逆境中坚忍前行，最终得以成功。

近代时期，中华人民为了保家卫国，张之洞、康有为、梁启超、孙中山等一大批仁人志士冒着生命危险投身于救亡图存运动中，洋务运动、戊戌变法、辛亥革命等运动书写着中华民族砥砺前行的历史伟绩，仁人志士们不屈不挠，在逆境中抗争，用伟大的精神人格扛起了时代使命，证明了顽强的中国人是不会被打败的，一个民族的伟大不在于永不落后，而在于落后之后总还有再度奋起的力量。

当代伟大政治家毛泽东少年时代就许下大志，决意磨练自己。“孩儿立志出乡关，学不成名誓不还，埋骨何须桑梓地，人生无处不青山。”这是毛泽东离开养育他17年的韶山冲去“东山”前，留给父亲的一首诗。临行前，他挥笔改写了日本人的一首诗，夹在父亲每天必看的账本里，然后他便豪情万丈，踏上了“东山”之路，也踏上了实现志向之路。从诗中，人们可以看到一个胸怀不凡志向，聪慧、倔强、有着过人的记忆力和顽强毅力的毛泽东，正迈向他人生的第一个转折点。有志者事竟成。因为毛泽东从小怀揣救国救民的梦想，心系贫苦大众，这位从韶山冲里走出来的农民的儿子，改变了占人类四分之一人口的中国人的命运，也改变了20世纪下半叶整个世界的格局。

在当代体育界，2016年里约奥运会中国女排卫冕的消息牵动着每一位中国人的神经，这是中国女排时隔12年重回奥运之巅，在长久的低迷时光中，姑娘们以拼搏、奋斗、坚持、传承、遇败不馁、逢胜不骄的精神对抗着失败、不解与指责，她们用实力突破困境，创造了辉煌，我们从中国女排姑娘们的身上看到了“受得起荣誉，也经得住困境”的坚韧。

儿童强则中国强。作为肩负时代使命的学前教育工作者，有责任传承和发扬中国文化，实施课程改革及教育创新，为孩子一生的发展奠定良好的基础，特别应培养使其受益一生的意志品质。

1993 年李晓东提出了儿童的“淬砺体育”构想，其内涵包含战胜困难、向自我的生理极限进行挑战。1994 年王少然在《教育研究》发表文章，针对德育提出了淬砺教育的思想，提出“实践锻炼、劳动锻炼、远足拉练、行为训练、学习磨炼、体育锻炼”六种实现途径。

116 年来，湖北省实验幼儿园蒙以养正，守正出新，在新的历史时期，赋予教育新的内涵，挖掘并发展了淬砺教育思想，建构和完善了淬砺教育园本课程，走出了一条教育改革发展的新道路。

二、园本文化视角下的淬砺教育

湖北省实验幼儿园坚持秉承“保身体之健旺、养天赋之美材、习善良之言行”的办园理念，在百年幼教精髓思想和科学发展的基础上，通过对历史的梳理与传承，从中挖掘出“保身体之健旺”的核心理念，以“保全幼儿身心的健康”为第一要义，探索出一系列的“旺体”活动，在“旺体”活动的探索实践与教育反思中，着眼于新时代幼儿身心发展的特点及需求，“淬砺教育”应运而生。

（一）探索挑战性体育活动

中华人民共和国成立初期，按照《幼儿园暂行规程》的要求，根据幼儿的年龄特点，幼儿园除了采用游戏、上课、观摩、娱乐、日常生活等教育形式外，也尝试开展体育活动。20 世纪 60 年代，开展“三浴”锻炼，即阳光浴、水浴和空气浴，这些自然因素对孩子的成长发育有诸多益处，利用自然界的日光、空气、水等不同刺激来进行锻炼，如在 15 度以下，幼儿赤膊在阳光下运动，在初夏时开展戏水游戏等，增加机体的耐受力和对疾病的抵抗力，刺激幼儿机体良好发育，提高幼儿对恶劣环境的耐受力。

同时开展挑战性游戏研究，合理安排一日活动，以促进幼儿身心健康发展。70年代末期，幼儿园注重对幼儿进行全面发展的教育，对幼儿园体育教学活动进行了大胆的探索，初步探索体育活动各环节的组织指导策略，关注幼儿运动中的心率、运动密度等，在幼教界引起强烈的反响。

（二）拓展幼儿园户外活动

改革开放初期，我园在幼儿野外郊游、远足、走进农村等活动方面进行大胆尝试，如经常组织幼儿徒步走过武汉长江大桥、爬蛇山、登黄鹤楼等，每学期组织幼儿开展走向田野、走进农村、户外野炊、夜宿农舍等活动，有效地增强了幼儿的体质，磨练了幼儿的意志，增长了幼儿的知识，陶冶了幼儿的情操。

（三）建立“大健康观”

在改革探索时期，打破仅重视体育锻炼的狭隘思路，幼儿园教师不断深入挖掘，扩大健康教育的内涵和外延；既重视体育锻炼，又关注幼儿健康生活习惯的培养；既重视通过锻炼增强体质，又注重提供科学合理的营养膳食。做到保中有教，教中有保，寓教于乐，寓教于体育、游戏活动之中。坚持开展每天两个小时的户外活动和一个小时的体育锻炼，注重一日生活常规，重视幼儿营养，保健医生每周制定食谱备膳。注意培养幼儿的生活卫生习惯和独立生活能力。

（四）研究一日体育活动的整合

作为省、市两级实验性的示范园，课题研究一直致力于“旺体教育”活动的进一步建构、完善和创新。省级“十一五”课题“幼儿园一日体育活动中整合作用的研究”构建了园所一日体育活动的基本架构，幼儿园体育课题组用了三年的时间，采取行动研究及对比研究的方式，深入研究了体育教学活动、体育游戏活动、操节活动、户外自主游戏活动等不同组织形式的指导策略及其在一日活动中的价值，并将其有效整合在一日活动之中，让体育活动科学合理地贯穿于一日活动的各环节，形成了园本体育特色课程，定时、定期开展户外区域性体育活动、体智能活动、干浴操、手指操、晨间带动跳、亲子运动会等。大小型体育活动已成常态。幼儿园修建了宽敞的塑胶操场，添置了拳击手套、拳击袋、滚筒、平衡积塑、大型玩具等大量体育器材，为幼儿健康和幼儿园健康办园提供了丰富的物质保障。

（五）探索“淬砺教育”体系

我们基于已有的研究基础与成果，结合国家宏观幼儿园课程改革背景，注重园所内涵发展，考虑家长、社会的教育需求以及孩子的迫切需要，依托省级规划“十三五”课题“在淬砺环境中提升幼儿抗挫能力的实践研究”，着眼于儿童意志品质与性格的培养，将探索性与挑战性有机结合，打造了室外有场、场内有山、山上有亭的三环式主题户外环境，在环境中融入淬砺教育思想，将户外环境打造为具有挑战性的游戏活动场地，开展“真、野、趣”的淬砺活动，来锻炼孩子的体能，磨练意志，健康身心。幼儿园组织开展一系列具有本园特色的淬砺活动，如亲子远足、夜宿幼儿园、户外挑战性自主游戏、体能大循环、体育节、帐篷节、亲子运动会等，逐步形成系列化的幼儿园淬砺课程，真正体现以健康促进幼儿全面和谐发展。从多年“旺体”活动研究到“淬砺”教育研究，从关注幼儿身体健康、心理健康到品质培养，从研究领域活动、课程建构到内涵建设来助推园所的可持续发展。

第二节　淬砺教育概念解读

一、淬砺教育的概念

“淬砺”原义为制造刀剑必须淬火和磨砺，比喻刻苦锻炼。北齐刘昼《新论·崇学》：“越剑性利，非淬砺而不铦。”唐代元稹《授田布魏博节度使制》："尔其淬砺勇夫，敬恭义士。"宋代苏轼《策略四》："是以人人各尽其材。虽不肖者，亦自淬厉，而不至于怠废。"

淬砺教育又称"挫折教育"。幼儿园的淬砺教育是指能锻炼体能，培养幼儿勇敢坚强品质，锤炼其精神的活动。

《心理学大词典》对"挫折"的解释是在个体从事有目的的活动过程中，遇到障碍或干扰，致使个人动机不能实现、需要不能满足的情绪状态。而抗挫折能力，是指幼儿遇到实际无法克服或者自以为无法克服的障碍和干扰后，能够忍耐和摆脱挫折情境，对挫折进行适应、抵御和应对的能力。

抗挫能力的教育分为两个阶段：第一阶段——培养挫折耐受力：个体能够忍受得住挫折的打击和其带来的压力，并可以使自己的心理和行为保持正常的能力水平；第二阶段——培养挫折的排解力：个体积极采取行动直接调整和改变挫折，努力使挫折情境得到改善，从而使自己摆脱挫折状态。

二、淬砺教育的现状分析

（一）时代发展现状

现代社会对人的素质要求越来越高，尤其要求人要具备一定的独立性、自主性和抗挫能力。同时，由于大部分孩子是独生子女或隔代抚养，导致其依赖性较强，遇到困难容易放弃。因此，对幼儿进行抗挫教育符合时代发展的需求。

1993 年中日小学生在夏令营中的表现引起国人深刻的反思，尤其在教育界引起强烈反响，我们的孩子在活动的过程中缺乏坚持、担当、勇敢……20 多年过去了，由于种种现实原因和社会环境，幼儿被过度保护，导致他们体能下降、意志薄弱，幼儿园体育活动往往显得过于温柔，在幼儿园实践活动中，小朋友摔一跤便骨折了，而且在挫折环境中，幼儿往往依赖成人，自己想办法摆脱挫折环境的意识和能力都较弱，对孩子的长久发展不利，对幼儿园体育活动的健康发展不利，对整个国民身体和精神素质的提升也是不利的。

（二）教育发展现状

我国的家庭教育、学校教育、社会教育一贯使用的是“正向强化引导式”的教育方法，这种教育方式普遍存在着片面性和单一性的缺点，如过分重视智力的发展，而忽视了意志力的培养和良好个性的形成；过分重视“成才”教育，而忽视 “做人”教育。而挫折教育在一定程度上可以纠正传统教育方式的弊端，矫治儿童心理、意志、情感脆弱的弊病。

目前，在我们周围，独生子女较多，家长中存在着一种思维导向：如今生活条件好了，孩子又是独根苗，怎么也不能让孩子吃苦受累，受到挫折。因此，家长尽量从各方面来满足孩子的要求，包括一些不合理的要求，代替他们完成一些理应由他们自己完成的事，这对孩子的成长极为不利。心理学有一种观点认为：人如果长期生活在一种“特别幸福”的“空间”里，就会造成“健康心理过剩症”。它有两个特点：一是对幸福的感觉明显降低，二是特别害怕，不愿接触人世间的艰难困苦，甚至将一些平常事也误认为是痛苦而神经过敏。因此，抗挫能力的培养对儿童的健康成长具有十分重要的意义，幼儿园必须重视淬砺教育。

（三）幼儿发展现状

当今社会，过分重视孩子智力的培养，而容易忽视意志品质的培养和良好个性的形成。我们对本园幼儿在一日活动中的抗挫力、耐受力、排解力等方面进行了调查，发现幼儿在耐受、坚持、坚强等意志品质方面亟需提高。《幼儿园教育指导纲要（试行）》中明确指出：“体育是促进幼儿全面发展的重要手段，开展丰富多彩的户外游戏和体育活动，用幼儿感兴趣的方式发展基本动作，培养幼儿良好的意志品质、个性品质，使他们在快乐的童年生活中获得有益于身心发展的经验。”

由于现实原因的束缚，掣肘了幼儿园体育活动的开展，淬砺教育在幼儿园的研究很有必要，幼儿的心理发展和抗挫将直接影响其一生，探索“淬砺教育”的课程改革思路，将切实突破幼儿素养发展的难点问题，为幼儿的终身发展奠定基础。

三、实施淬砺教育的意义

儿童时期是人格形成的关键期，儿童阶段抗挫折能力的发展是形成个体健全人格不可缺少的一部分。当今提倡素质教育，是在德、智、体、美、劳全面发展教育方针指引下实施生理、心理、社会文化整体素质的教育。素质不仅仅是体质、品德、智力、知识等人的发展中的个别属性或某个方面，而是人整个内在的身心组织结构及其质量水平，具有整体的、全面的性质。淬砺教育的意义在于提升幼儿的抗挫能力，增强其社会适应性，使其获得受益终生的意志品质。

（一）增强幼儿的身体素质

当前社会对人才提出较高的要求，其中最基础的要求就是健康的身体，它是保障幼儿将来发展最基础的部分，没有好的身体，一切都是空谈。因此，从幼儿时期开始进行淬砺锻炼十分必要，它将为促进幼儿身心健康发展奠定良好的基础。而且幼儿时期是幼儿生长发育的关键阶段，科学合理的运动有助于增强幼儿身体各个系统机能的健康发育，提升幼儿关节的灵活性，为促进幼儿全面发展发挥重要作用。

（二）培养幼儿的意志品质

在淬砺活动过程中，幼儿时常会遇到些困难与问题，有的幼儿甚至产生消极的情绪。通过教师的鼓励与支持，幼儿在参与淬砺活动的过程中学习如何面对困难与挑战，如何思考与解决问题，培养勇敢、坚持、自信等良好的意志品质。

（三）提升幼儿的核心素养

幼儿核心素养指幼儿能够适应终身发展和社会发展需要的必备品格和

关键能力。淬砺教育强调释放幼儿天性，挖掘幼儿潜能，通过多种教育途径与方式对幼儿进行意志磨炼、精神锤炼、行为训练，不断挑战自我、提升自我。这些品质正是幼儿将来适应社会所必须具备的核心素养。这些素养能促进幼儿全面发展，滋养其成长。

第三节　淬砺教育思想溯源

影响当前幼儿教育的思想有很多，如陈鹤琴的“活教育”思想，陶行知的“生活即教育”，卢梭的“自然主义思想”等，深入挖掘这些思想的内涵，我们会从中找到一些淬砺教育的影子，这些教育思想对淬砺教育实践产生着深刻的影响，在新时代背景下，依然具有鲜活的生命力。

一、自然主义思想

自然主义体育思想，是以生物学的教育学原则为指导，以人对运动的需求为基础，以建立“合自然性”为目的的促进人体发育成长的身体锻炼体系。把体育运动归结为人的本能或本性的活动，主张体育教学要使人的个性自然发展。其代表人物是美国体育家、教育家威廉士，受杜威实用主义教育思想的影响。

自然主义体育思想源于欧美，受卢梭自然主义教育思想影响较大。1901 年，美国哥伦比亚大学师范学院的伍德和赫塞灵顿等人，提出了名为“新体育”的自然主义体育思想，后经威廉士（J. F. Williams，又译威廉姆斯）的发展，形成了一整套“自然体育”的概念、理论和方法。自然主义体育思想，与欧洲体操改革和奥地利“自然体育”，共同构成了 19 世纪末 20 世纪初世界体育改革的一道风景线。

近代中国的自然主义体育思想来自美国。首先在“五·四运动”前后，由基督教青年会派来中国的体育干事麦克乐（C. H. Meclog）等人传入，后又有一批留美学者如吴蕴瑞等归国后的广泛传播，使自然主义体育思想一直占据民国时期学校体育的主导地位。

自然主义体育思想主张服从自然法则，注意利用自然条件进行身体锻炼，使个性自然而然地发展。强调体育教育要适应儿童的智力和身体发育情况，注意顺应儿童发展的天性，以他们的需要和天性为中心，在自然环境中进行身体教育，从而实现增强体质的目的。

自然主义体育思想认为，健壮的身体是对儿童进行智育和德育的物质基础，身体的健康状况直接影响着其他器官的感受能力。因此要用自然的方式，在大自然的怀抱中获得健康的身体。在体育锻炼的过程中要循序渐进，且要不断地增加其难度，同时注意按照不同年龄的心理和生理特点进行体育锻炼。

自然主义体育思想的核心是注重身心一元，把身体的健全与精神的完善统为一体，体现了体育过程中以促进人的身心和谐发展为本位的思想内涵。同时强调体育要为学生的德育、智育发展服务，主张把身体锻炼的概念扩展到日常的运动和劳动中。

卢梭的自然体育方法包括利用冷水浴、酷烈的气候季节和风雨等自然条件去实现其体育目的。卢梭举了一个利用冷水浴锻炼儿童身体、磨炼他们意志的实例，说明他的自然体育方法。“要经常给孩子洗澡，随着他的体质愈来愈强，就可以逐渐降低水的温度，一直到最后，无冷夏天或冬天，都可以用冷水，甚至用冰水洗澡。为了不使他们受到什么伤害，就需要慢慢地、一次次地在不知不觉中降低水的温度；我们可以用温度计来准确地测量每次降低的度数。”在这里，卢梭强调了利用冷水浴磨炼人的意志品质，提高人体抵抗寒冷的能力。这种冷水浴的方法在现在看来也是比较合理的：它要求人们循序渐进，慢慢地降低水的温度，最终达到随时可以用冷水洗澡的目的。跑步是最简便的锻炼方法之一，也是人们最常用的锻炼身体的手段。自然主义体育在强调跑步的重要作用时，建议人们要到空气新鲜的大自然中去跑步。在这里，卢梭又提到了空气这一自然条件的作用。他认为空气对儿童的体格发展作用很大，特别是在生命开始的头几年更为显著。空气穿过细嫩的皮肤上的气孔，对正在成长的身体产生强烈的影响。自然体育方法对身体练习的叙述不是很详细，这也是它的一个不足之处。

二、快乐健康思想

快乐健康是指从情感教学入手，对学生进行以健全的身体教育和人格教育为目标的健康教育思想，它重视爱的教育、美的教育与发掘各项运动所独具的乐趣，强调学习兴趣的激发与创造性学习。它不仅把运动和情感作为实现教学目标的手段，而且视为直接目的。因此，它能激发学生的体育兴趣，满足他们的学习愿望，有利于培养自我体育能力与完美的人格，为终身体育奠定基础。快乐健康以研究学生的情感需要、健康需要、人格需要为出发点，使学生的学习动机建立在自身愿望的需求和对社会的责任感上；把身体锻炼中的乐趣和学习中的成功体验作为追求的目标之一；以浓厚的兴趣、顽强的意志、适宜的方法来调节自己的体育学习和锻炼行为，从而使整个教学过程充满快乐、愉悦、和谐的情感与气氛。既让学生喜欢学、乐于学，又让他们知道学习的目的和意义，自觉主动地发展体育能力和个性，增强体能和智力，培养良好的思想道德品质。快乐健康教育简而言之就是寓教于乐。这是教育艺术的最高境界，也是成功教育的必由之路。

快乐健康教学实践有以下特点：

① 在教学思想上，主张以育人为出发点和归宿，面向终身健康，从情感教学入手，强调乐学、勤学，育体和育心相结合。

② 在教与学的关系上，强调学生是主体，教师是主导，二者相结合。

③ 在教学结构上，主张教学活动是认知、情感、行为的统一。强调体育教学应是融知识、情感与身体发展为一体的三维结构。

④ 在教法上，主张启发式的创造教学，强调教法的多样性和学法的实效性。

⑤ 在教学组织上，主张严密的课堂纪律与生动活泼的教学氛围相结合，强调信息的多向交流与教学环境的优化。

快乐健康思想的提出和实践引起了下列一些体育教育观念的更新：

① 改变了健康教学中单纯对学生传授知识技能、发展体力的身体教育观念，倡导从情感入手，在发展体能的同时进行知、情、意并重的人格教育。

② 改变了健康教学中教师强制灌输、学生机械再现的教学方法，倡导以教师为主导、以学生为主体和启发式的教法与发现式的学法。

③ 改变了在健康教学中学生被动学的局面，倡导学生主动地、愉快地学习。

三、全面教育思想

全面教育作为学校教育的重要内容，事关学生的身心健康成长，是他们全面发展的根基。而多年以来，中国学生的体质情况又每每牵动家长以及社会各界的关注，学校也越来越重视体育教育教学。专注于体育教育的全面育人功能，各级各类学校如何定位体育教育、如何发挥体育教育在学生全面发展过程中的作用，无疑正逐步成为学校体育教育探索实践的新方向。

健康教育，充分体现并承载着“育人”这一教育的根本属性。因此，学校健康教育要站在教育学、生命教育、素质教育的高度开展教学，树立大体育观，克服以往偏重技巧技能的教学思想和方法，把学生的身心健康和全面发展作为核心，为学生今后走向社会，享受健康、充实的人生打好基础。

聚焦到我国，近代蔡元培提出的“五育并举”的教育方针就把包括体育锻炼在内的军国民教育放在了首位。抛开强身健体以抵御外来侵犯的特殊的时代背景，可以说体育是人和谐发展的基础之一，这是中外教育家充分达成共识的。正因为如此，在中华人民共和国成立以来的教育方针和培养目标中，无论是“德智体”或者是“德智体美劳”，体育始终置于其中，不可或缺。《国家中长期教育改革和发展规划纲要》之“义务教育”的章节（第四章）中也特别提到了“要增强学生体质”，“开展‘阳光体育’运动”，以“提高学生的健康水平”。

在人的各种素质能力中，身体素质是第一位的，离开身体素质来谈其他的素质是本末倒置。这不是玩文字游戏，而是针对一直以来我们对于素质教育的理解不到位，置学生的身体健康于不顾而一味地加重学生的负担而言的。众所周知，我国于20世纪末开始在中小学推广素质教育，目的在于改变以往中小学偏重成绩而忽视学生全面发展的教育状况。然而，在这一过程之中，学生不但没有减负，反而学得更累了。这种现象警示我们应该重新审视素质的含义，重新理解素质教育的意义。

体育是教育手段，也是教育内容，更是教育本身。通过体育促进学生健康、成人是学校体育的根本。近年来，我国在学生评价方面有了很大的改观，例如在评比各级三好生时提高了体育的分值；2011年中考将体育分数加到了总分当中，凸现了体育分的价值；北京市教委建议各区县中小学大课间由20分钟延长到25分钟，将学生的体质健康状况列入档案；2019年国务院印发《关于实施健康中国行动的意见》，提出了“健康中国行动”目标，规定中小学生每天在校外接触1小时以上自然光，小学生、初中生、高中生每天睡眠时间分别不少于10、9、8小时，中小学生非学习目的使用电子屏幕产品单次不宜超过15分钟；学校鼓励引导学生达到《国家学生体质健康标准》……这些都是非常好的导向，长此以往，亲近体育、重视体育的风气就会逐渐形成，学校体育也会回到教育本位，最大限度地体现其育人的功能。

四、终身体育教育思想

终身体育教育思想主张在学前体育教育中，以培养儿童终身开展体育活动的能力和习惯为主，强调培养终身的兴趣爱好及意识。主要范围包括长期不懈地坚持体育锻炼，体育兴趣浓厚并稳固持久，掌握体育基础知识、技术和技能，参加体育活动时总体感觉好，并伴随快乐的情感体验，把体育活动作为生活的一部分。

体育运动是保持人体机能、体能处于最佳状态，增强人们体质的有效手段，人在一生中必须选择不同的身体锻炼的形式和内容，以增强体质，延缓生命衰老。因而终身进行体育锻炼是促进身体健康的有效途径。由于人的健康状况不是一成不变的，体质的强与弱在一定的条件下可以转化，不进行锻炼，强的会变弱，经常有规律地锻炼，弱的可以变强，因而只有经常进行体育锻炼，才能长久地拥有健康的身体。现代的学生，学习任务繁重，学习既是一场智力的角逐，更是一场体力的较量，没有健康的身体，就很难坚持到最后的胜利。提高学生对“终身体育”的认识是一个不容忽视的问题。

2013 年 4 月 2 日，习近平总书记在参加首都义务植树活动时指出：身体是人生一切奋斗成功的本钱，少年儿童要注意加强体育锻炼，家庭、学校、社会都要为少年儿童增强体魄创造条件，让他们像小树那样健康成长，长大后成建设祖国的栋梁之才。2017 年 1 月 23 日，习总书记在张家口市考察冬奥会筹办工作时又指出：人生幸福快乐，强身健体十分重要。我们申办北京冬奥会，一个重要目的就是推动我国冰雪运动快速进步，推动全民健身广泛开展。

在国家倡导大力开展全民健身活动、增强人民身体素质的今天，体育锻炼越来越成为人们日常生活中不可缺少的重要部分。培养学生的终身体育意识能够使学生在今后的体育锻炼中以最好的方式进行身体锻炼，因此，终身体育将沿着快乐化、生活化、科学化、社会化、终身化的方向发展，并逐步形成一个动态的、有序的、连贯的大系统，最终达到全民身心强健、体质增强、人人终身受益之目的。

以上各类教育思想都具有其科学性和合理性，淬砺教育思想就是在分析当代儿童身心发展特点的基础上，基于各类教育思想的优势和不足所提出来的，具有较强的针对性、科学性和现实意义。

第二章
淬砺教育园本课程实施

第一节　淬砺教育园本课程体系

湖北省实验幼儿园在淬砺教育的不断探索与实践中，凝炼出“释放天性、回归本真、淬砺教育、健康身心”的课程理念，构建了以健康教育为核心的旺体、美材、习德三维一体的“淬砺教育”园本课程体系，实现着“旺体、博闻、厚德、蕴美”的培养目标。

一、课程理念

幼儿园基于“野蛮其体魄，锻炼其体能，淬砺其品质，文明其精神”的淬砺教育思想，确立了“锻炼自我、健康身心、淬砺成长”的淬砺教育园本课程理念。

锻炼自我——通过多种教育途径、手段、方式对幼儿进行意志磨炼、精神锤炼、行为训练，让幼儿不断挑战自我、提升自我。

健康身心——淬砺教育强调释放幼儿天性，回归教育本真，使每个幼儿有自己独特的发展空间，促进幼儿身心和谐发展。

淬砺成长——为幼儿创设一个有挑战、能磨炼意志的淬砺环境，使其能勇敢面对困难，在磨砺中成长。

二、课程目标

在淬砺教育园本课程的探索与实施中，我们明确了“在淬砺活动中培养幼儿坚持、勇敢、自信的良好意志品质，提升抗挫能力，为其终身发展奠定良好基础”的课程总目标，并提炼出各年龄段淬砺教育的目标。

小班：

① 能持续推油桶前行 10—15 米。

② 不怕黑，勇敢尝试幽闭空间游戏。

③ 遇到挫折能不哭泣，在成人的帮助下平缓情绪。

④ 敢于用肢体与沙、泥、小动物等进行零距离接触。

⑤ 能区分衣物正反，独立穿脱衣服。

⑥ 能双脚协调灵活地上下楼梯，并遵守靠右行走的规则。

⑦ 能借助绳索攀爬淬砺墙。

⑧ 能在离地 1.5 米的滑索盘上坐立滑行。

⑨ 主动大方、有礼貌地与客人、老师打招呼。

⑩ 不要家长抱，自己背书包走进幼儿园。

中班：

① 勇敢尝试有挑战性的事情。

② 坚持徒步行走 1.5 公里，中途不放弃。

③ 在家能自己独立入睡。

④ 敢于尝试徒手捉泥鳅。

⑤ 能尝试在油桶上站立 5—10 秒。

⑥ 能较快速地爬过长 6 米的幽闭空间。

⑦ 遇到困难时，尝试独立解决问题或勇敢、大胆、有礼貌地寻求同伴帮助。

⑧ 尝试与同伴合作将 30—40 斤的东西运上山。

⑨ 能利用生活中的材料爬上树。

⑩ 能独立撑伞。

⑪ 主动和同伴一起帮老师做力所能及的事情。

大班：

① 坚持徒步行走 2—3 公里。

② 敢于尝试冬天光脚踩雪，雨中嬉戏，夏天“三浴”等挑战性较强的活动。

③ 愿意参加“夜宿幼儿园”活动，能在陌生环境中独立睡觉。

④ 当遇到困难和挫折时，能用交流、唱歌、绘画等方式解决问题。

⑤ 能徒手爬树。

⑥ 能快速跑上 40 度角的山坡，并能从山坡上跑下来。

⑦ 能在离地 1.5 米的滑索盘上站立滑行并进行投掷游戏。

⑧ 尝试与同伴合作将 50 斤以上的油桶推上山坡。

⑨ 能根据自身能力调整游戏难度，并在挑战性游戏中保护自己。

⑩ 能用语言、动作等不同方式，主动安慰、关心帮助同伴。

⑪ 能主动与同伴分工协作，帮助老师进行分餐、铺床、整理、清洁等生活活动。

三、课程设置

淬砺课程主张渗透、融合，与旺体、美材、习德活动、五大领域活动、游戏活动等有机整合，在幼儿一日活动中渗透淬砺教育，全方位推进淬砺课程的实施，培养身心健康发展的优秀儿童。

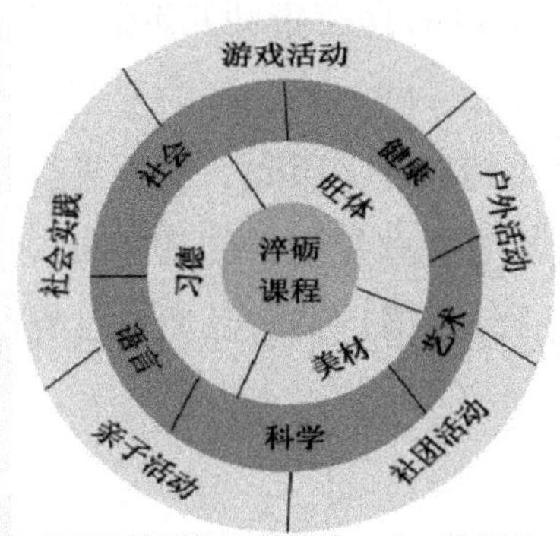

图 2-1　淬砺教育课程设置

旺体活动——是课程核心，它融育体、育心、育脑为一体。幼儿园从旺体活动的时间安排、内容选择、实施途径、安全性研究和效果评价五个方面着手，整合各方面教育资源，协调教师、家长、社区的力量，开展了一系列具有本园特色的旺体活动，如篮球课程、亲子远足、户外挑战性体育游戏、体能大循环、达标运动会、体育节等，充分发挥体育活动的整合作用，真正体现以身心健康促进幼儿五大领域的全面和谐发展。

美材活动——“美材也而不闻君子之道，隐小物以害大物者，灾必及身矣。”“美材”是指未来的栋梁之材。《幼儿园教育指导纲要（试行）》指出：“幼儿园教育应尊重幼儿身心发展的规律和学习特点，重视幼儿的个别差异，为每一个幼儿提供发挥潜能，并在已有水平上得到进一步发展的机会和条件。”因此，我们的教育应根据幼儿的年龄特点，提供适宜、多元的教育，如丰富多彩的社团活动（儿童创意戏剧表演、美材合唱团等）、亲子活动（艺体节等），满足每个孩子的成长需求，为其成长为“美材”打下坚实基础。

习德活动——幼儿的习德发展是其全面发展的重要组成部分，也是幼儿园课程的最终目标。幼儿在幼儿园阶段最重要的是习德教育，从起初的体育锻炼到后来的磨练身心，就是希望通过各种淬砺活动的开展，训练其行为，磨练其意志，锤炼其精神及品质，为孩子的核心素养奠定良好基础，为终身发展奠基。

在淬砺课程之习德活动中，坚持带幼儿走进社会、大自然，开展捉泥鳅、采摘节、夜宿幼儿园等社会实践活动，使幼儿萌发积极的社会情感。根据幼儿发展需要，组织幼儿到户外、田间、农村进行野外拓展、淬砺定向赛等活动，让幼儿与大自然零距离接触，使其在参观、学习、游戏过程中习得社会规则，了解风土人情，锻炼意志品质，良好的个性也能在活动中逐渐养成。

第二节　淬砺教育园本课程实施原则、内容与方法

一、课程实施

（一）“多元化”课程组织形式

幼儿园一日活动皆课程，除了基本的领域学习活动、游戏活动以外，在美材、习德活动中增设社团活动、蒙养游戏吧等，主要由幼儿个人依据自身的兴趣与能力，选择适宜的社团或游戏区，参与不同类型的淬砺活动，挑战自我，挖掘潜能，切实为幼儿提供个性化、多元化的发展空间，鼓励、支持富有挑战性的创造性学习、探索与表达。

（二）“三段十步”课程实施模式

在课程实践中提炼出“三段十步”的淬砺课程实施模式，形成课程内容上厚重丰满，程序上有条不紊，方法上灵活多样，气氛轻松愉悦，效果多元的终极目标。其中，“三段”即淬砺活动是由“活动前、活动中、活动后”组成的三段式活动组织闭环，“十步”即情况分析、制定方案、开始部分、基本部分、情景创设、探究游戏、观察指导、放松小结、评价反思、提出问题等 10 个组织步骤，构成了教与学统一、可持续发展的、完整的淬砺活动实施模式。

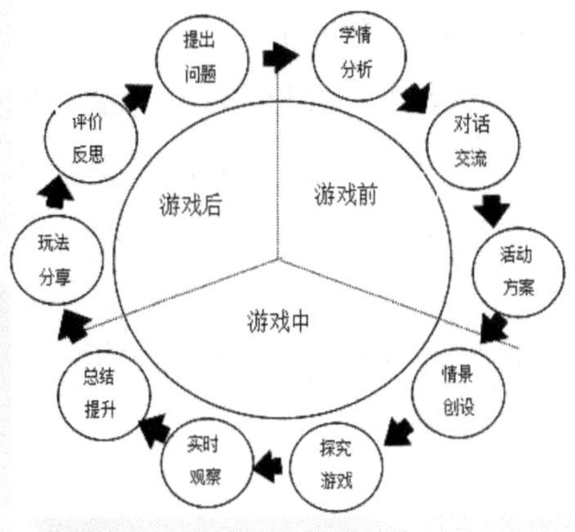

图 2–2　“三段十步”课程实施模式

（三）“三审三议”课程审议机制

幼儿园本着“让教师成为真实的课程设计者”的观念，建立了“三审三议”制度，明确课程审议流程，提升教师的课程设计能力，保证课程建设的质量。

1. 一审课程需求，议环境的挑战性

陈鹤琴先生提出“活”教育思想，环境即教育，课程的有效实施需要创设与之匹配的环境。我们坚持让儿童回到课程中央，让幼儿参与到课程的审议中。我园在打造淬砺环境的前期调查中，设计户外区域调查表，给予幼儿充分的自主权，让全体幼儿参与其中，让每一个幼儿选择自己最喜欢或认为最具挑战性的游戏区域和材料，最后根据幼儿的兴趣点打造充满挑战性的户外游戏场，助推“淬砺教育”园本课程的有效实施。

2. 二审课程设计，议方案的科学性

主要结合幼儿的年龄特点和兴趣审议设计思路是否科学适宜。一般采用集体备课的形式，通过梳理课程脉络，统一对课程的理解，在理解内容的基础上形成课程核心目标，确立每个活动的主题。

“二审”一般在活动进行的前两周开始，首先由课程研究“先导小组”设计活动方案；接着由课程研究“实施小组”结合本班幼儿发展状况进行分析，思考方案的可行性、科学性，并提出意见和建议；最后由课程研究“领导小组”审定活动方案。

3. 三审课程内容，议活动的实效性

为了让幼儿成为学习的主人，教师除了心中装有课程的预设目标外，在课程实施过程中，也更多地关注儿童活动表现。在“三审”中教师用“发展性”的眼光去审视、评议幼儿的表现，并在此基础上决定是否适当地调整教育内容，确保教育内容真正符合幼儿的需求，真正符合幼儿的兴趣和“闪光点”。通过不断的实践和反思，逐步生成了一套符合幼儿发展需要的学习、游戏活动课程。

（四）“DIP”课程管理模式

幼儿园积极构建“在传承中发展（Develop）、在发展中创新（Innovate）、在创新中完善（Perfect）”的“DIP”课程管理模式。通过建立“三真”教研制度，即聚焦课程实施中的真问题、开展能解决教师困惑的真研究、追求课程建设中的真收获；创新“三审三议”课程审议模式，即一审平台“议挑战”，二审设计“议科学”，三审内容“议实效”，进一步完善课程研究运行机制，提升教师的课程研究力、设计力、决策力，有效助推淬砺课程实施。

二、淬砺教育园本课程的实施原则

《幼儿园工作规程》明确指出，幼儿园要“积极开展适合幼儿的体育活动”。但是，现在的孩子都是父母的掌上明珠，在家庭育儿上出现重智轻体、重保育、轻锻炼的现象，幼儿户外活动的时间很少，普遍缺乏锻炼，缺乏勇敢、坚强、坚韧等意志品质。幼儿在淬砺活动过程中，时常会遇到些困难与问题，有的幼儿甚至产生消极的情绪。

在教师的实际工作中，常常偏重有形的、使用运动器械的活动，形式上热热闹闹，而运动质量却不高，对体育活动的重要性和意义存在认识上的不同，由此幼儿园户外体育活动常常流于形式，而真正的实际活动时间和活动质量却得不到保证。因此，为了确保幼儿有充足的户外体育活动时间，不断优化幼儿园户外体育活动，在传承百年幼教精髓思想和科学发展的基础上，幼儿园通过对历史的梳理与传承，从中挖掘出“保身体之健旺”的核心理念，以保全幼儿身体的健康为第一要义，探索出一系列的“旺体”活动，在“旺体”活动的探索实践与教育反思中，着眼于新时代幼儿身心发展的特点及需求，淬砺教育园本课程应运而生。通过教师的鼓励与支持，幼儿在参与挑战性淬砺活动的过程中学会了勇敢、坚持，学会了如何面对困难与挑战，磨炼了意志，激发了思维，提升了核心素养。

在组织淬砺教育园本课程活动时一般遵循以下几个原则：

1. 目标性原则

《3—6 岁儿童学习与发展指南》提出："以为幼儿后继学习和终身发展奠定良好素质基础为目标。"针对当下幼儿普遍存在的缺乏勇敢、坚强、耐心、抗挫能力等问题，着眼于培养让其终身受益的良好的行为习惯和心理品质，以促进幼儿终身发展为目标，将幼儿园的各种教育因素有机结合起来，尊重幼儿的人格、兴趣、需要和自身发展特点，注重发展幼儿的主体性，鼓励幼儿积极主动地参与活动，富于创造性地学习、锻炼、游戏和生活，建立良好的同伴关系。再根据发展目标的需要，选择相应的教育内容、教育方法及手段，克服过去教育工作中重教育内容、轻教育目的的现象，通过淬砺教育活动的开展，鼓励幼儿用积极的态度和良好的行为倾向参与活动，为终身学习和发展奠定良好的基础。

2. 发展性原则

幼儿园一切活动的出发点和归宿是促进幼儿的发展。在淬砺活动中无论是培养坚强、勇敢的意志品质，还是良好动作技能的发展，都要从终身发展的理念出发。发展不仅体现为幼儿知识、技能的增长，更体现在幼儿的心理机能和身体素质的提高，幼儿的发展规律既遵循一般的规律，又体现着个体的差异。为此，幼儿园对儿童淬砺活动的指导必须着眼于促进幼儿身心各方面的和谐发展及素质的全面提高。从观察、研究幼儿入手，了解每个幼儿的发展需求，根据每个幼儿发展的不同特点，因人施教，帮助幼儿在淬砺活动中养成良好的行为习惯，增强意志品质，提高动作水平，学会自我保护、心理调节、自我认识等，促进幼儿全面发展。

3. 主导性与主动性相结合原则

教师对幼儿进行淬砺教育活动的指导应是有计划、有目的的，是促进幼儿全面发展的过程。教师的作用应体现在根据幼儿的发展需求，计划、组织有挑战性的淬砺活动，提供淬砺教育环境，激发、引导幼儿主动与环境相互作用。在教育过程中全面、细致地观察、指导幼儿，在发挥教师主导作用的同时，应充分认识到幼儿的发展是一个积极主动的过程，没有幼儿的主动参与，任何教育都难以获得良好的效果。因此，要尊重幼儿的兴趣与需要，注意激发幼儿的内部动机，调动参与活动的主动性和积极性，变“要我学”成为“我要学”，克服长期以来以教师为中心，忽视幼儿发展需求和参与主动性的倾向，同时，也要注意防止出现新的“儿童中心”，削弱教师作用的现象。

4. 游戏性原则

游戏之所以魅力无穷，是因为游戏是幼儿学习的一种独特途径和方式，是他们认识世界、发展自我的媒介。幼儿的自主性可以在游戏中得到充分体现和发挥。在淬砺教育活动中，要创设趣味又充满挑战性的游戏情景，激发幼儿主动参与的兴趣，如在“勇敢的小伞兵”活动中，创设“攀爬大营救”游戏情景，幼儿扮演“小伞兵”克服心理恐惧和高度困难，勇敢利用软梯爬上大树高处进行营救，在整个游戏过程中，幼儿不仅体验到了游戏的紧张、刺激，以及成功营救的成就感，同时，意志品质和动作发展也得到了很大的锻炼和提高。

因此，应为幼儿提供充分活动的机会，确保活动的时间和空间，依据活动计划，为幼儿提供充足的活动材料，让幼儿在游戏中可以自主、自由地释放天性、回归本真、乐享成长。

5. 适宜性原则

在开展淬砺教育活动的过程中，尤其是淬砺体育活动中，锻炼身体的运动量要由小到大，运动的持续时间、距离、次数、速度、频度和强度等要逐渐增加，锻炼的内容和方法也要由易到难，从简到繁，逐步提高。淬砺体育活动首先是建立在没有畏惧感的前提之上，而动作自然、协调发展也是在符合其能力范围的活动方式中才可以达成。因此，幼儿园淬砺体育活动中挑战难度的设定需要考虑幼儿群体的心理发展与运动能力，只有符合其心理和能力基础的挑战难度才是适度的。《3—6 岁儿童学习与发展指南》中将幼儿园体育活动的核心目标定位为提高身体基本素质。而达成这样的目标，需要通过科学合理的体育锻炼过程来实施，也就是说，让幼儿动起来并保持一定的运动量和时间，才能够有效地达成体育锻炼的目标。幼儿园体育活动需要关注幼儿活动的运动量而不是运动成绩，相对而言，低强度、高密度的运动方式比高强度、低密度的方式更适用于幼儿园淬砺体育活动的开展。由于个体差异的存在，幼儿的运动能力也相应地存在一定的差异，对于挑战难度的接受程度也会影响幼儿在运动练习中的能力体现。因此教师在设置挑战难度时，需要尽量考虑到全体与个体的关系，差异性设置，确保每个幼儿都能够在自己的基础上有所提升。

6. 安全性原则

在幼儿园淬砺教育活动开展过程中，安全工作是非常重要的基础保障。淬砺体育活动具有挑战、竞争、竞技和趣味性强等特点，有一定的激烈程度和完成难度，幼儿参与的欲望一般都比较强烈。这就使得幼儿在参与活动的过程中比较容易“忘乎所以”，会不同程度地产生一些激动的情绪和激烈的动作，再加上有允许自由发挥来完成活动的余地，因此，在淬砺教育活动开展过程中，教师应重视对安全方面的有效保障，切实推进安全第一思想理念的落实，给予幼儿一个安全的活动场所，让他们可以安全地参与淬砺教育活动。同时，为幼儿开展有效的安全教育和引导，避免因活动过程中发生的矛盾冲突导致幼儿身心受伤。特别是要重视幼儿自我保护能力的培养和提升，促进幼儿形成良好的安全意识，确保儿童安全健康地成长。

三、淬砺教育园本课程的实施内容

显性的淬砺教育活动是幼儿园一日的重要组成部分，也是传统的幼儿园活动之一。其关键是如何将此活动进行整体设计，分步实施，以实现聚沙成塔、聚水成河的作用。为实现这个目标，需科学安排拟定《幼儿园淬砺教育活动作息时间》，并设计分段目标，按时间段进行系统化合理安排并实施。将幼儿园淬砺教育活动分为如下活动时间与区域。

1. 晨间锻炼（7：40—8：05），可有三种方式呈现：

（1）入园自选活动（幼儿根据喜好自选操场上的器材进行体育锻炼）；

（2）早锻炼活动（以一周为周期，将走、跑、跳、投、钻爬、投掷、悬重运动技能等，通过材料提供供幼儿自主选择锻炼）；

（3）晨间带动跳（幼儿和家长们在老师的带动下一起舞蹈）。

2. 淬砺教育学习活动（9：00—9：30），主要有三种活动方式：

（1）集体体育活动（每班每周1—2次淬砺体育教学活动）；

（2）体智能活动（将体智能、律动、感觉统合课程的精华提炼综合活动）；

（3）室内体育活动（作为户外体育活动的重要补充部分）。

3. 早操（课间操）（9：30—10：30），可进行如下三种活动：

（1）队形队列练习；

（2）集体的徒手操或器械操活动；

（3）户外淬砺自主游戏。将户外划分为攀爬区、悬垂区、平衡区、投掷区、轮滑区他、挑战区等若干个活动区域，幼儿根据自己的意愿进行选择，从活动内容的设置到材料的投放，鼓励幼儿自行设计、自主布置、自己管理、归放有序，挑战自我，每个区域都有一位教师进行观察、指导，确保孩子安全地在每个区域中活动。

4. 淬砺教育游戏活动（11：00—11：20）或（16：00—16：20），主要有七种类型的游戏形式：

（1）模仿性游戏：幼儿通过模仿各种动作，达到发展他们基本动作的目的。如小班体育游戏"小白兔"，幼儿模仿小兔跳的动作，训练双脚向前行进跳的技能。这种体育游戏常伴有儿歌、音乐，多运用于小班。

（2）有主题情节的游戏：这种游戏的特点是有角色，有开始、发展、结束的游戏情节。教材中此类游戏较多，幼儿特别喜爱。游戏有不同的难易程度，各班都能进行。如小班的"麻雀和汽车""老猫睡觉醒不了"，中班的"蝴蝶和小猫""鱼和虾"，大班的"小青蛙捉害虫""老鹰捉小鸡"，等等。

（3）室内淬砺小游戏：根据幼儿年龄特点和班本特色课程，在班级内创设了一系列淬砺小游戏。如大班"勇攀高峰"、"釜底抽薪"、"叠叠乐"大挑战、"珠行万里"；中班"黑夜探险"游戏、"美食大冒险"、"胆战心惊"游戏；小班"一触即发"游戏，鼓励幼儿尝试"鳄鱼嘴"大冒险，把小手放进会"咬人"的鳄鱼嘴里，探索有机关的牙齿。幼儿在紧张、害怕中发现牙齿的秘密，获得成功感。幼儿在一次次失败中汲取经验，不断尝试、挑战，在挫折中磨砺成长。

（4）竞赛性游戏：这是互相比赛，分出胜负的一种体育游戏，一般分队进行。如“插红旗”“小马运粮”等。由于竞赛性游戏强调结果的胜负，而小班幼儿还不太懂，其兴趣只关注游戏动作和过程本身，所以一般不在小班运用。中班幼儿开始注意到游戏的结果，并逐步产生比赛的兴趣，对竞赛性游戏有所理解，因此从中班开始选用此种游戏，到了大班逐渐增多。

（5）躲闪性游戏：这种游戏对训练幼儿动作灵敏性的作用较大，参加游戏的幼儿为了保持优胜而不被淘汰，就必须灵活地躲闪，如中班的“捕小鱼”游戏。由于这类游戏对各种动作技能要求较高，躲闪时不仅要迅速跑步、转身、设法避开等，还要注意不碰撞其他同伴，因此，适合中、大班玩。

（6）球类游戏：指滚球、拍球、抛接球、击木柱、投篮、踢足球、打乒乓球等。随着幼儿年龄的增长，可以组织幼儿由易到难地开展各种球类游戏。

（7）民间体育游戏：指民间世代相传的一些小型体育游戏。如跳房子、踢毽子、跳橡皮筋、跳绳、夹包、翻饼等。

5. 餐前手指锻炼（11：25—11：30）（16：25—16：30）

教师组织幼儿灵活运用十个小手指做各种动作，锻炼幼儿小肌肉群，不仅可锻炼手指灵敏度，而且有健脑和健身作用。

6. 散步（12：00—12：10）

组织幼儿餐后睡前在树荫下晒晒太阳，闻闻花草的清香，散散步，可以使大脑皮层的兴奋、抑制和调节过程得到改善，从而起到消除疲劳、放松、镇静、清醒头脑的效果。散步时由于腹部肌肉收缩，呼吸略有加深，膈肌上下运动加强，加上腹壁肌肉运动对胃肠的“按摩作用”，消化系统的血液循环会加强，胃肠蠕动增加，消化能力提高。

7. 起床身体总动员（14：30—14：35）

每天午睡起床时，用轻柔的背景音乐唤醒幼儿，带动小朋友们缓慢地坐起，伸伸懒腰，动动小手小脚，利于心脏的充分运动，使更多的氧气能供给各个组织器官。同时，上肢、上体的活动能使更多含氧的血液供给大脑，使幼儿顿时感到清醒舒适，这时再让幼儿穿好自己的衣服鞋袜。

8. 干浴操（15：00—15：05）

干浴是一种以手摩擦全身皮肤的健身方法，作用是能疏通气血，健脾壮肌，防病祛病。

以上1—8项活动贵在坚持。“健康中国行动”之《全民健身行动》指出：生命在于运动，运动需要科学，如何运动最健康？每天保证45分钟以上中低强度的运动，才能达到锻炼的目的。

9. 离园活动（17：15—18：00）

幼儿在家长的保护下延续溜冰、攀岩等活动，增进亲子间的情感，让家长在活动中起指导作用，发挥家长在亲子活动中的自主性。

10. 其他体育活动

（1）大型亲子运动会

每月邀请家长们参加一次亲子体育运动会，家长和孩子们共同参与游戏，共同体验体育活动中的乐趣。还可以将在幼儿园学会的体育游戏带回家，在自己的小家里开展，实现全民健身。

（2）社区运动会

通过利用社区资源，在社区召开运动会，不但让家长和幼儿参与到运动会中，还吸引更多的人群参与到运动会当中来，普及全民健身的理念。孩子对体育活动的浓厚兴趣与激情可以带动家长进行体育锻炼的兴趣与意识，家庭对体育运动的热情就可以点燃整个社区对体育运动的热情。

（3）淬砺亲子远足活动

组织亲子远足活动，带领幼儿和家长亲近大自然，开拓视野，寻找大自然的“美”。幼儿在远足中走跑交替2—3公里，锻炼体能；在闯关游戏中挑战自我，独立完成任务，培养幼儿敢于挑战、坚韧、勇敢的意志品质。

（4）淬砺定向赛活动

组织全园幼儿走出幼儿园，与大自然零距离接触，进行野外淬砺定向赛活动，以“快乐挑战”为主旨，采用专业定向仪器计时，幼儿按照地图上的标识依次完成丛林探险、高跷接力、板鞋竞技、黑箱摸物、飞夺泸定桥等挑战游戏，全面提高幼儿的动作技能和分析、解决问题的能力，增强团队协作意识，培养坚毅、勇敢、不怕困难等意志品质，提升幼儿的自信心。

（5）夜宿幼儿园活动

每年大班毕业季，我们会开展“成长独立日”——夜宿幼儿园活动。活动前，我们会进行幼儿独自睡觉的问卷调查，了解大班幼儿的独立入睡情况；通过夜间寻宝、光影游戏、自制晚餐、独自盥洗、睡觉等活动，让大班幼儿体验团体生活，提高独立性及生活自理能力。活动后，我们进行回访发现，许多幼儿向父母主动提出要独自睡觉，孩子们在活动中感受到了无畏困难、乐享成长的幸福感。

四、淬砺教育园本课程的实施方法

教育家陶行知先生说过：“教是为了不教而教，教是为了乐学而教。”《幼儿园教育指导纲要（试行）》指出：“幼儿园必须把保护幼儿的生命和促进幼儿的健康放在工作的首位。树立正确的健康观念，在重视幼儿身体健康的同时，要高度重视幼儿的心理健康。”在淬砺活动的设计与实施中，不仅要重视体质、体格的发展，更要注重在淬砺活动中锤炼其勇敢、坚强、坚忍不拔的意志品质。要为幼儿打造具有淬砺教育的原生态环境，激发他们积极参加淬砺活动的兴趣，使幼儿在活动中大胆挑战，坚强面对挫折，勇敢战胜困难，从而锤炼出坚韧不拔的意志品质。在幼儿园淬砺特色课程的设计与实施过程中，应注重淬砺课程的整合性和淬砺活动开展形式的多样性，以淬砺教育为出发点，整合五大领域及情商、智商的发展，让淬砺教学内容在生活情景式、区域活动式、亲子互动式等多种活动形式中得以融合，让幼儿在多种形式的淬砺活动中成长，在淬砺教育的体验中做一个有智慧、勇挑战、乐探究的社会人。

在组织淬砺教育活动时通常会用到以下几种方法。

1. 游戏情景激趣法

巧妙设置户外游戏场，开展各种淬砺自主游戏，依据幼儿的兴趣、年龄特点、个体差异等创设不同的游戏情境，使单调的动作练习变得有趣而生动，使幼儿的模仿力、表现力、动作、情感及意志均得到全面的发展与提升。

如在游嬉山开展的“营救蛋宝宝”活动中，教师和幼儿以汪汪队队员的身份进入游戏，以开展“救援蛋宝宝”这一符合搜救队员身份的情景，使幼儿顺利进行游戏；在户外淬砺游戏“军运小勇士之抢救伞兵”中，师幼共同扮演“军运志愿者”，结合武汉2019年10月开展的“世界军人运动会”这一时事，使幼儿乐于从为自我服务与为他人服务出发，带着这样一种使命感进入到抢救伞兵的活动中。幼儿全程参与积极性强，接受挑战任务时愿意多次尝试，最终达到战胜自我、帮助他人的目的。

2. 语言回应法

淬砺教育实践证明，适当的鼓励性和评价性语言与幼儿挑战性行为的持续有着密不可分的关系。如在户外淬砺自主游戏“走油桶”时，由于材料的限制，幼儿在出现摔倒后便不敢再上油桶，教师用各种激励性语言鼓励幼儿大胆站在油桶上，如“你刚才已经可以站立五个数不倒，这次可不可以站到十个数呢？”“刚才走油桶时走了三步，真是进步很大，你再试试，肯定可以走满五步！”就是在这样有层次的语言激励中，幼儿能够一次次战胜自己，从而体会到在油桶上行走如履平地的感觉；在“美食大冒险”中，面对不知形状、不知味道的食物，幼儿停滞不前，迟迟不敢尝试，教师积极引导幼儿：“没关系，大胆选择一种食物，试着品尝一下，也许是甜的呢？”这样的激励语言，帮助幼儿克服内心的胆怯、抗拒，大胆品尝味道奇特的食物；在进行“釜底抽薪”淬砺区域游戏时，面对突然倒塌的积木，幼儿出现紧张、害怕、不敢再玩的退缩心理，教师及时用语言鼓励：“如果你再慢一点、稳一点，一定可以稳稳抽到你需要的颜色，你想再试一次吗？”“在抽拿时，仔细观察抽取哪块积木才不会倒，可以看看别人是怎么做的。”这些语言激励方式帮助幼儿树立游戏的自信心，使游戏顺利开展。在每次淬砺活动或游戏结束后，教师们都会用具体、可操作的评价语言来点评幼儿的表现，这是幼儿对自我的再认识和肯定，是积极参与后续活动的积极暗示。

3. 鹰架支撑法

在幼儿园的各项活动中，当幼儿游戏遇到困难时，教师提供相应的支援来解决问题，使幼儿能够继续学习的方式，就是鹰架支撑法。在淬砺活动中，当幼儿遇到挫折时，教师通过提供相应的支援使活动顺利进行，使幼儿获得发展，这样的案例比比皆是。如在户外淬砺游戏“军运小勇士之抢救伞兵”中，果果小朋友想爬树，遇到困难后，教师提供了“软梯”这一材料，但是由于幼儿有恐高心理，“软梯”这个材料太具有挑战性，导致幼儿第一次没有完成爬树的任务。教师想出一些支持的办法，如在“软梯”下增加防护垫、安全绳，创设“小小伞兵”的游戏情境，促使幼儿有兴趣去尝试、挑战，克服了恐高情绪，最终完成了爬树救降落伞的游戏任务；在“飞行小勇士”游戏中，师幼共同创设了“飞行铁索”这个挑战区域，敢于尝试的幼儿很多，但是很多幼儿上去走了两步，发现并不是自己所想象的状态，放弃的人也不少。教师基于幼儿游戏的需求又逐层投放了安全绳、加厚的地垫，设置了分段休息区后，不断有幼儿敢于在晃动不已的铁索上坚持挑战全程，并最终获得成功的经验。一人影响多人，在混龄户外自主游戏中，原本是大班幼儿挑战的项目，有越来越多的中班幼儿加入，甚至小班幼儿都敢于尝试一下完成任务。教师运用鹰架支撑，大大提升了幼儿自主学习的能力。

4. 游戏竞赛法

在淬砺活动中，适当开展竞赛性游戏是激发幼儿参与积极性、培养良好意志品质和增强幼儿体质的重要手段。这对提升幼儿量力而行的自护能力有重要的作用。在户外自主混龄游戏中如何能做到既提升幼儿挑战性行为，又使安全得到保障呢？教师在设计游戏时就会考虑根据幼儿的个体差异，建立竞赛游戏制度，帮助幼儿顺利开展游戏。如在户外自主游戏“玩转布筒”中，根据不同个体差异幼儿的能力，教师分别设计了三种游戏玩法：一是单一的一端连接，幼儿直接爬过布筒再攀登上木梯的玩法；二是一半布筒搭在木梯上，幼儿需要在看不清前方路况的情况下在布筒里攀登上木梯；三是挑战难度最大的玩法，即把布筒直接横放在木梯上，幼儿从游戏开始到结束都只能依靠手脚的协调来攀登木梯，他们全程是看不到木梯的。

三种玩法难度层层递增，幼儿根据自己的创意玩法和同伴一起制定竞赛制度或规则，采用竞赛制进行游戏，既提升了挑战难度，也激发了不同年龄段幼儿游戏的兴趣。

第三节 淬砺教育活动的方案设计

20多年来，围绕着“如何激发幼儿参与淬砺活动的兴趣，让幼儿喜爱体育活动，乐意并主动参与淬砺活动；如何转变教师的教育观念，树立‘健康育人’的理念，确保幼儿园每日淬砺活动的有效开展；如何让体育锻炼成为一种生活状态、一种生活习惯，使幼儿一生受益”等一系列问题，我园做了大量卓有成效和创造性的工作。在学习活动、户外活动、游戏活动、生活活动及家园活动等方面进行了多方面尝试，研发出许多经典活动方案。

一、淬砺学习活动

大班淬砺学习活动：玩转彩箱（健康）

设计意图：

幼儿园的健康办园特色和淬砺教育理念深入人心。在平时的活动中，幼儿积极思考和尝试，有意识地寻找多种方法，完成各种挑战动作，满足了自己的兴趣与需要。平时上下楼梯时，总能看到他们从两级、三级楼梯上往下跳。《3—6岁儿童学习与发展指南》指出：“教师应顺应幼儿身心发展规律，根据幼儿的最近发展区，提供适宜幼儿发展的材料和环境。”为满足幼儿游戏的兴趣与欲望，我设计了本次活动，旨在让幼儿在愉悦的氛围中，积极动脑，大胆参与，主动探索彩箱的不同玩法；掌握从高处向下纵跳的动作要领；体验运动的乐趣。培养幼儿敢于挑战、不怕困难等意志品质。

活动目标：

1. 勇于参与挑战活动，体验挑战成功后的愉悦情绪。

2. 练习从高处向下纵跳的动作，提高下肢的耐受力。

3. 能创新彩箱的多种玩法。

活动准备：

1. 知识经验准备：幼儿玩过跳跃游戏，观察过消防员救火时的纵跳动作，有一定的自我保护意识。

2. 物质材料准备：多功能塑料方块35块，厚海绵垫10块，欢快的音乐。

3. 环境创设准备：室内或室外安全空旷场地，塑料方块4×4间隔摆放。

活动重点：掌握从高处向下纵跳的动作要领，学会自我保护。

活动难点：能与同伴合作，创新彩箱的不同玩法。

活动过程：

（一）开始部分

1. 师幼随音乐进入活动场地，利用彩箱做走、跑练习。

2. 幼儿站在彩箱上做热身活动，重点活动髋关节、下肢、脚踝部。

（二）基本部分

1. 探索游戏——彩箱跳跳

（1）幼儿自由探索彩箱的不同玩法。

（2）引导幼儿用彩箱玩跳跃游戏，关注幼儿的创意玩法，重点练习向下纵跳的动作。

2. 挑战游戏——彩箱垒高

（1）幼儿尝试走过彩箱独木桥。

（2）逐步增加独木桥难度，幼儿自主游戏。

AQ小贴士：在行进过程中，根据大班幼儿的最近发展区，逐步加大彩箱独木桥前后之间的间距和摆放难度，使行进路径更具有挑战性。教师应鼓励幼儿的行为，并注意安全。

（3）设置游戏情境，增加彩箱的高度，鼓励幼儿大胆挑战。

提供两条难度不同的路径，一条路径由4个彩箱垒高，另一条路径由5个彩箱垒高。

AQ小贴士：教师观察幼儿的动作，逐步增加彩箱的高度，当彩箱垒到第五层时，挑战性逐步增加，此时应鼓励幼儿勇于跳下彩箱，努力挑战自我极限。同时，随着彩箱高度增加，地面防护软垫的厚度也应该逐步加厚，确保幼儿的安全。

3. 奔跑游戏——玩转彩箱

（1）游戏玩法及规则：音乐开始，师幼围绕彩箱沿逆时针奔跑，音乐停止，教师发出口令，如两个人抬一个彩箱、一个人抱起彩箱、只能站红色彩箱等，幼儿做出相应动作即可。

（2）师幼玩游戏，引导幼儿讨论怎样快速做出相应的动作。

（三）结束部分

1. 引导幼儿讨论彩箱的其他玩法。

2. 幼儿听音乐放松身体（重点放松腿部），收拾整理器材，结束游戏。

活动延伸：

1. 可结合幼儿园楼梯、油桶等场地和材料继续进行纵跳练习，注意把握高度和游戏的安全。

2. 鼓励幼儿在家长的辅助下开展挑战性亲子游戏。

运动时间： 30 分钟

运动量预测： 运动密度：40%—60%

平均心率：130—140 次 / 分

运动曲线：

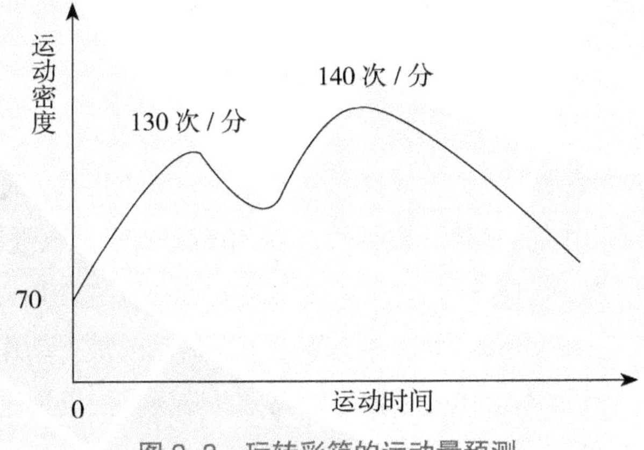

图 2-3 玩转彩箱的运动量预测

活动反思：

（一）科学运动，材料多变

体育活动有其独特的领域特点。只有达到一定的运动量才能起到锻炼身体的作用。在活动中通过自然观察，发现大部分孩子面色稍红，汗量增加，有的孩子已经有咳嗽现象，这就足以说明孩子的运动量达到了，同时也符合运动的科学性原则。活动中的彩箱是幼儿园常用的材料，孩子们并不陌生。在与其喜闻乐见的材料互动的过程中，孩子们根据自己的兴趣和能力，尽情变换彩箱的摆放方法，自主创造出多种游戏玩法，充分体现了孩子的自主性。其实生活中还有很多可以替代彩箱进行纵跳活动的材料，如方形木质积木、龟背壳、小椅子、方形课桌等，甚至下雨天在室内的楼梯上也可组织孩子们玩纵跳游戏。

图 2-4　彩箱游戏

（二）尊重幼儿，关注兴趣

《幼儿园教育指导纲要（试行）》提出，“用幼儿感兴趣的方式发展基本动作，提高动作的协调性、灵活性。”彩箱就是孩子感兴趣的身边之物。在本次活动中，教师引导幼儿自由探索彩箱的多种玩法，并关注富有创意的玩法。从幼儿创造出来的玩法中提炼出本次活动的重点动作，即“向下纵跳”。在练习此基本动作的过程中，我循循善诱、层层递进，引导幼儿在游戏过程中坚持练习，逐步提高难度，不断习得动作要领。变教师教为幼儿主动学。面对 5 个彩箱堆砌的高度，有的小朋友比较胆怯。我并未急于求成，而是尊重幼儿个体差异，提供了3个、4个彩箱高度的不同挑战难度，给孩子提供自主选择的机会，使之获得成功的体验和心理的满足，尊重幼儿，始终把他们放在主体地位，让他们做学习的主人。

（三）注重时效，提升经验

本次活动围绕向下纵跳的动作，发展孩子的身体素质，提高运动能力，幼儿既要动身体，又要动脑，同时面对具有挑战性的游戏时，根据自己的最近发展区来选择游戏路径，体现了活动的实效性。学习好动作是为了保护自己的身体，在生活中进行运用，所以在活动的最后一个环节，也是本次活动的亮点，设置了消防员救火的游戏情境，鼓励幼儿勇敢地从高处向下纵跳，并保护好自己的身体，提升生活经验。万一在生活中碰到类似情况，如遇到危险、无路可走需要从高处跳下时，不至于不会跳或者不敢跳。

图 2–5　飞跃彩箱

当然，教育是一门遗憾的艺术，任何活动都会有不足之处，比如，在孩子自主选择高度进行挑战时，有的孩子还想继续挑战更高难度的游戏，但是考虑到纵跳高度过大可能会造成儿童的运动损伤，所以教师没有满足孩子们，也未及时作出回应。我会在以后的游戏中思考更适宜的策略、提供更适宜的挑战游戏。

大班淬砺学习活动：轮胎大作战（健康）

设计意图：

有次户外活动时，很多孩子选择自由玩轮胎，有的小朋友把轮胎推到山坡上或是石头路上，有的小朋友玩推轮胎比赛，大班幼儿乐意为自己的游戏增加难度，在滚轮胎过程中增加障碍等，他们勇于挑战，玩得十分开心。《3—6岁儿童学习与发展指南》建议：利用多种活动发展身体平衡和协调能力。尊重孩子们很喜欢滚轮胎的兴趣，结合我园淬砺课程特色，我设计了此次活动。旨在通过小组合作、自主创新玩轮胎游戏让幼儿探索推轮胎过障碍的方法，锻炼动作的平衡性和协调性，从而体会成功的喜悦。

活动目标：

1. 积极探索推轮胎过障碍的方法，不怕困难，体验挑战成功后的喜悦。

2. 尝试小组合作设置障碍路线，并平稳通过障碍路线完成挑战。

3. 能与同伴协商解决游戏中的困难。

活动重点：学会正确、平稳地推轮胎过障碍。

活动难点：小组合作设置障碍路线，并能顺利通关。

活动准备：

知识经验准备：幼儿能熟练地控制轮胎在平地上滚动。

物质材料准备：轮胎30个、平衡板8个、梯子4个、木架4个、软垫16个；四色贴纸各30个；热身音乐、游戏音乐、奔跑音乐、放松音乐。

环境创设准备：宽阔的户外活动场地。

活动过程：

（一）开始部分

1. 营长带领小勇士跑步入场。

2. 队列变化：由大圆变成四路纵队。

3. 小勇士做热身操。

（二）基本部分

1. 小勇士自由结伴和轮胎做游戏。

2. 尝试设置障碍路线玩推轮胎游戏。

（1）小勇士们自由分成四组，并自主选择5种器材拼搭路线，尝试推轮胎通过。

AQ小贴士：幼儿搭建路线的过程中，教师鼓励幼儿自由组合器械，不仅考验孩子们的团队协调性，更考验孩子们的空间感，鼓励孩子们小组设计完障碍后自己去体验路线并及时修改，教师在一边观察并注意游戏中的安全。

（2）自由选择其他组的障碍路线，完成推轮胎挑战。

（3）师幼交流障碍路线设计的合理性并提出安全要求。

3. 集体游戏：智勇大冲关

（1）师幼共同建构游戏玩法

玩法：教师介绍大冲关场地，小勇士滚轮胎依次通过障碍路线后便贴上一种颜色的贴纸，集齐两种颜色的贴纸即完成闯关任务。

规则：如轮胎掉落，需回到起点再来一次。

AQ小贴士：考虑到幼儿平衡能力的差异，本环节有四条路线，幼儿只要集齐两种路线的贴纸即为胜利，教师观察幼儿的动作，鼓励幼儿挑战完所有路线。同时，随着难度的增加，本环节要事先准备好地面防护软垫，确保幼儿的安全。

（2）幼儿根据玩法和规则挑战四种路线，教师观察。

4. 奔跑游戏：抢占高地

图2-6 轮胎游戏

玩法：小勇士们听音乐围绕操场逆时针跑，音乐停止时小勇士要快速站到轮胎里。

规则：轮胎不断减少，音乐结束时才能进入轮胎。

（三）结束部分

营长为闯关成功的小勇士颁发领巾，并带领勇士们一边收拾器材一边交流放松。

运动量预测：运动密度：40%—60%

平均心率：130—140 次 / 分

运动曲线：

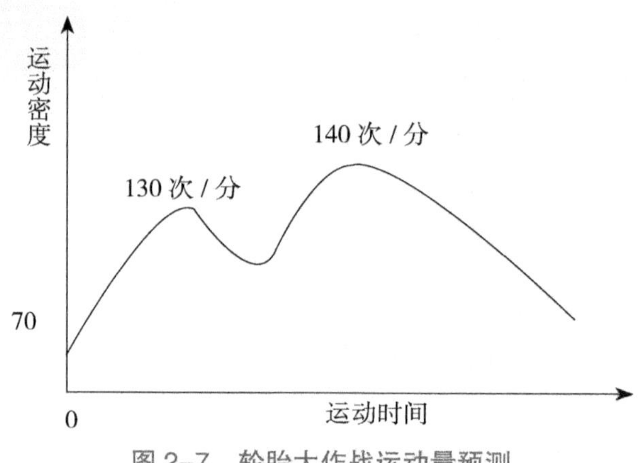

图 2–7　轮胎大作战运动量预测

活动反思：

（一）材料丰富，自由合作游戏

日常的户外活动中，大班的孩子们已经可以很熟练地推轮胎在操场游戏，他们对推轮胎游戏乐此不疲。利用幼儿园操场上的各种户外器械，搭建障碍通道，让孩子们不断挑战自己，推轮胎上障碍路线，孩子们既紧张又兴奋，自主搭建、自主游戏、自主挑战。游戏尊重幼儿，始终把他们放在主体地位，让他们做学习的主人。

（二）基于兴趣，不断挑战自我

本次活动中，为了顺应幼儿的发展需求，满足个体发展差异，教师预设了不同层次的障碍路线，引导幼儿自主选择。活动过程中不难发现，孩子们都愿意主动参与，努力挑战自我，选择较高难度的障碍路线，从而体验挑战成功后的成就感，体会运动带来的巨大魅力。

（三）提升经验，发展综合能力

《3—6 岁儿童学习与发展指南》建议：利用多种活动发展身体平衡和协调能力。平衡和协调是八大动作技能的基础，没有很好的平衡和协调能力，任何体育动作都不能完成，本次活动利用孩子们日常很熟悉的户外器械来进行平衡和协调的单独练习，帮助孩子们更好地锻炼体能和提升综合素质。

图 2-8 轮胎站立

大班淬砺学习活动：百发百中（健康）

设计意图：

大班幼儿已有一定的投掷经验，他们对投掷游戏如世界大战、手雷等十分感兴趣，但单一的投掷已不能满足幼儿的挑战心理。《3—6 岁儿童学习与发展指南》明确指出，教师应在每次体育活动中提供幼儿身体均衡发展的机会，同时，应采用幼儿感兴趣的方式发展其基本动作，提高动作的协调性和灵活性，促进幼儿积极参与体育活动。

本次活动旨在通过挑战，激发幼儿不断挑战的兴趣，进一步掌握肩上挥臂投掷的基本方法，共同体验成功击中目标后的成就感。发展上肢运动能力，并让幼儿充分感受到投中目标所带来的乐趣，促进幼儿身心和谐地发展。

活动目标：

1. 乐意与同伴一起参加投掷活动，体验成功击中目标后的成就感。

2. 掌握肩上挥臂投掷的基本方法。

3. 锻炼上肢手臂力量，增强目测力和动作的准确性。

活动准备：

1. 知识经验准备：幼儿在日常游戏中玩过扔石子。

2. 物质材料准备：粘球衣、粘球、海洋球、灰太狼图片、羊羊队标、音乐、龟壳、平衡板、轮胎。

3. 环境创设准备：户外野战区。

活动重点：掌握肩上挥臂投掷的基本方法。

活动难点：增强目测力和动作的准确性。

活动过程：

（一）开始部分

1. 师幼听音乐围绕操场交替做走、跑、跳的动作。

2. 热身活动：扭扭体操，重点活动手臂和下肢。

（二）基本部分

1. 情景导入，引出游戏

（1）教师扮演羊妈妈，幼儿扮演小羊，一起讨论如何抵御灰太狼。

师：可恶的灰太狼要来了，我们有什么办法赶走他呢？

（2）出示海洋球，引导幼儿利用海洋球打走灰太狼。

2. 自由练习，初步体验

（1）教师出示灰太狼的纸箱，观察幼儿投掷动作。

（2）请幼儿示范击中灰太狼的方法。

（3）教师总结动作要领：双脚前后分开，侧身，手放耳边，手臂架起来，前腿直，后腿曲，用力向前投。

（4）幼儿练习投掷海洋球，教师引导幼儿观察灰太狼的位置，选择在合适的距离内进行投掷。

AQ 小贴士：幼儿在游戏过程中，根据自身的最近发展区，逐步加大与目标位置的距离，具有一定挑战性，教师应鼓励幼儿的行为，并注意游戏中投掷时的安全。

3. 移动目标，分组竞赛

（1）创设问题情景——移动灰太狼。

（2）幼儿自由尝试打灰太狼。

（3）幼儿发现游戏问题，引出铺路。

AQ 小贴士：教师观察游戏时的幼儿，逐步加快灰太狼的移动速度，挑战性逐步增加，此时应鼓励幼儿多次尝试投掷，努力挑战自我，体验成功感。同时，随着铺路的高度增加，地面防护软垫的厚度也应该逐步加厚，确保幼儿的安全。

（4）幼儿自由分组铺路并尝试游戏一次。

（5）幼儿分组，进行竞赛。

4. 羊羊合力，共退强敌。

（1）游戏：灰太狼来了

玩法：配班教师扮演灰太狼，幼儿扮演小羊，小羊人手一个海洋球，当灰太狼出现的时候，小羊一边追灰太狼，一边用手中的海洋球投向灰太狼，一起合作赶走灰太狼。

（2）教师与幼儿每人取一个海洋球进行游戏，提醒幼儿奔跑时注意安全。

（三）结束部分

1. 教师和幼儿交流游戏体验，共同收拾材料。

2. 播放音乐，教师和幼儿互相做身体按摩放松，结束活动。

活动延伸：

1. 可结合幼儿园楼梯、油桶等场地和材料继续进行纵跳练习，注意把握高度和游戏的安全。

2. 鼓励幼儿在家长的辅助下开展挑战性亲子游戏。

运动时间：30 分钟

运动量预测： 运动密度：40%—60%

平均心率：130—140 次 / 分。

运动曲线：

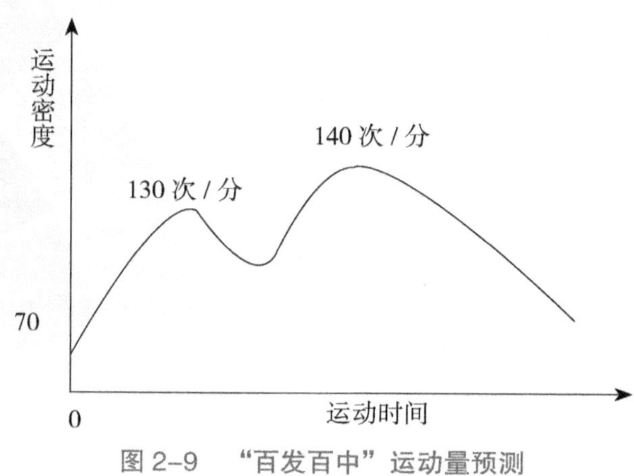

图 2-9　“百发百中”运动量预测

活动反思：

（一）情景贯穿，激发兴趣

本次“百发百中”活动的亮点之一，在于通过创设“喜羊羊与灰太狼”的情景引发幼儿参与活动的兴趣。幼儿从练本领开始自然学习，问题情景的创设有助于促使幼儿掌握本次活动动作的难点：肩上快速投掷及移动投掷的方法，进而有效激发幼儿的学习兴趣。

图 2-10　淬砺山上的游戏

（二）趣味挑战，游戏体验

亮点之二在于，本次活动以游戏的形式贯穿始终，用幼儿感兴趣的方式练习跑、跳、平衡等动作技能。在活动中探讨投掷的方法，同时培养孩子克服困难的精神及与同伴合作的意识。激发幼儿参与活动的积极性、主动性，有效完成了动作技能的练习，真正让幼儿体验趣味体能运动的快乐。

（三）分层投放，因材施教

亮点之三在于，教师分层投放材料，并运用材料引导幼儿从易到难掌握动作要领，遵守游戏规则。

不足之处在于器材选择较轻，增加了投掷的难度，在日后开展时可选择粘球或沙包来进行。

图 2-11　乌龟壳走平衡

大班淬砺学习活动：小小消防员（健康）

设计意图：

每当户外活动结束之后，总会有很多小朋友三五成群地坐在软垫上休息。不过，好动的孩子们马上就会在软垫上玩闹起来，有的快速爬行，有的匍匐追赶……《3—6 岁儿童学习与发展指南》提出：“能以匍匐、膝盖悬空等多种方式钻爬，为幼儿的身体素质的发展目标，在提升动作技能的同时，培养幼儿不怕困难、勇于挑战的运动精神。”于是，根据孩子们的兴趣，结合社会热点，我创设了任务情景，以层层递进的方式引导幼儿参与挑战。同时，在动作技能方面增加了难度，改变了幼儿以往手脚着地向前爬的习惯，变为侧身匍匐爬行，增加了爬行的难度，鼓励幼儿大胆进行挑战和练习，体验成功的喜悦。

活动目标：

1. 勇敢参加消防员训练，不怕困难，体验成功的喜悦。

2. 练习手脚协调侧身匍匐前进的动作技能。

3. 能动作较协调地侧身匍匐前进，快速通过障碍到达终点。

活动准备：

1. 知识经验准备：幼儿已有低姿匍匐的经验。

2. 物质材料准备：地垫若干、塑料板 5 块、自制电网、装有水的瓶子（小瓶 550 毫升，大瓶 1.5 升）、音乐。

3. 环境创设准备：户外宽阔的游戏场地。

活动重点：手脚协调侧身匍匐前进。

活动难点：快速通过障碍到达终点。

活动过程：

（一）开始部分

1. 师幼随音乐入场，绕操场做走跑交替热身。

2. 师幼跳操，活动身体各个部位，重点活动四肢。

（二）基本部分

1. 观察场地，自由探索侧身匍匐前进。

（1）师：勇敢的小消防员们，今天我们要来学本领——侧身匍匐前进。

（2）幼儿在地垫上练习各种爬行姿势。

2. 幼儿探索练习，教师巡回观察指导。

AQ 小贴士：器材有不同的高度、宽窄，对幼儿身体的协调性、动作技能的掌握有较高的要求，游戏本身就具有难度，幼儿在游戏中充分习得了坚持、勇敢、不怕困难的品质。

3. 师幼总结，学习本领

幼儿学习侧身匍匐爬行的动作，师幼共同总结动作要领：身体一侧小臂着地支撑身体，着地一侧的腿弯曲，另一侧腿收回，用着地手臂的支撑力和另一侧脚跟蹬地使身体前移。

4. 增加材料，拓展经验

（1）介绍新增路线，幼儿观察。

AQ 小贴士：分层次摆放了三条不同的通道，让孩子选择适宜自己的路线，幼儿根据自己的能力选择不同的路线活动。尊重幼儿挑战不同的路线，不断地激励幼儿向更多的探索发起挑战，让幼儿充分感受、获得成功的体验。

（2）幼儿分组练习。

5. 创设情境，幼儿游戏

（1）师幼观察树屋情境，了解游戏玩法。

（2）幼儿游戏，教师观察。

AQ 小贴士：上树屋救火的环节，幼儿拖着一瓶有重量的水过障碍上树屋，充分彰显挑战性，从幼儿角度，以幼儿的眼光来创设条件，把空间还给孩子，让幼儿真正参与到活动中。

6. 奔跑游戏：抱抱团

玩法：音乐开始，幼儿在树屋周围奔跑，当音乐停止时，按教师的不同指令，如“两两抱团”“三人抱团”，立刻上树屋抱团站好。

（三）结束部分

1. 师幼共同评价游戏，并分享成功的感受。

2. 师幼随音乐进行放松操，整理器械，结束游戏。

活动延伸：

1. 户外活动时，引导幼儿继续自由练习匍匐爬行的动作技能。

2. 开展匍匐爬行竞技游戏，提升幼儿匍匐爬行的动作技能。

运动时间：30 分钟

运动量预测：运动密度：40%—60%

平均心率：130—140 次 / 分。

运动曲线：

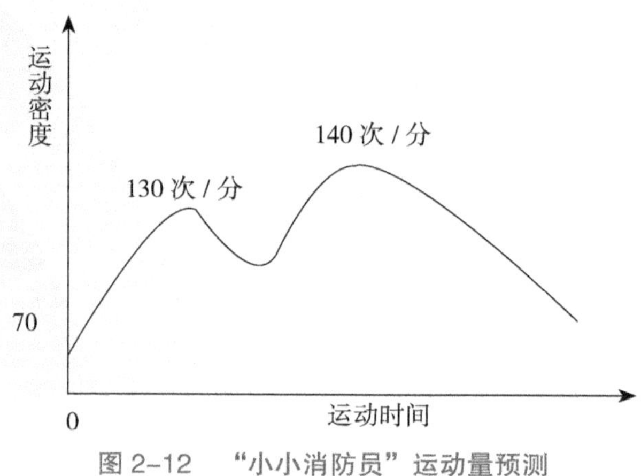

图 2-12 “小小消防员”运动量预测

活动反思：

本次活动在提升幼儿动作技能的同时，培养了幼儿不怕困难、勇于挑战的运动精神，于是，我根据孩子们的兴趣，创设了情景和任务挑战，以层层递进的方式进行活动创设，在动作技能方面改变了幼儿以往手脚着地向前爬的姿势，变为侧身匍匐爬行，增加了爬行的难度，鼓励幼儿大胆进行挑战和练习。

图 2-13 我是小士兵

本次活动的亮点在于尊重幼儿个体差异，分层次地摆放了三条不同的通道，让孩子选择适宜自己的路线，幼儿根据自己的能力选择不同的路线活动。器材有不同的高度、宽窄，对幼儿身体的协调性、动作技能的掌握有较高的要求，本身就具有难度，幼儿在游戏中充分习得了坚持、勇敢、不怕困难的品质，在最后“上树屋救火”的环节，幼儿拖着一瓶有重量的水过障碍上树屋，充分彰显挑战性。

本次活动的不足是体育活动重在精讲多练，教师在幼儿练习技能时太关注幼儿技能的有效获得，说了很多话，希望孩子们掌握动作技能，教师在这一点上做得不好。在每一个环节结束时，教师做出评价，但是还不够具体和有针对性。

图 2-14　淬砺环境打造

中班淬砺学习活动：跳跳乐（健康）

设计意图：

在日常活动中，我发现班上孩子好动、好奇、好探索，看到石头、沙子就爱踢一踢。在一次户外活动中，一个小朋友用双脚夹起一块小石块，在使劲向前跳的同时将小石块向前抛出去，其他小朋友看到了也纷纷模仿，跟着玩起来。

《幼儿园教育指导纲要（试行）》指出：“用幼儿感兴趣的方式发展基本动作，提高动作的协调性、灵活性。”

沙包是孩子们熟悉的运动材料，我根据中班幼儿的年龄特点和身心发展规律，设计了本次体育活动“跳跳乐”。旨在利用生活中常见的沙包，让孩子尽情地玩耍，在获得快乐情绪体验的同时提高动作技能，增强身体的协调性，提高幼儿腹部力量、腿部力量及跳跃能力。

活动目标：

1. 乐意参与“跳跳乐”的活动，体验双脚夹包跳时下肢的紧绷感。

2. 学习用双脚内侧夹沙包行进跳的基本动作。

3. 发展下肢力量，提高腿部力量。

活动准备：

1. 知识经验准备：幼儿学习过原地跳的动作，有单脚跳和双脚跳跃的经验；已经玩过“打怪兽”的游戏。

2. 物质材料准备：沙包若干；怪兽图片 4 张（挂在前方幼儿可投掷的高度）；彩绳设起点和终点线；录音机及《向前冲》的音乐。

3. 环境创设准备：户外活动场地（软场地）并保持场地的干净整洁。

活动过程：

（一）开始部分

1. 教师带领幼儿进行走跑交替动作练习，然后站成四条队。走一走，变队形：四路纵队变圆形，口令“左转弯走”，圆形变四路纵队，口令“变队走”。

2. 幼儿随《向前冲》的音乐做热身操。

（二）基本部分

1. 教师出示沙包，引起幼儿兴趣。幼儿自由探索沙包的玩法。

2. 学习双脚夹包跳。

（1）夹包跳

玩法：幼儿每人一个沙包尝试用两脚夹着将沙包扔向前方并不停向前移动。

规则：幼儿只能用两脚前端夹着沙包，使之向前。

AQ 小贴士：夹包行进跳，不放弃。

（2）袋鼠跳

玩法：师幼用彩绳在场地上分别设置起点和终点。在起点，幼儿双脚夹住沙包跳起，将沙包扔出去，然后再往前行，不停夹住、跳起、扔出，直至终点，再从两边返回。

规则：返回时需从两边回去。

AQ 小贴士：幼儿根据自身的能力情况选择将沙包扔出的远近不同，鼓励幼儿多次挑战，体验更远距离的成功感。

（3）打怪兽

玩法：出示“怪兽”，幼儿站在彩绳设置的起点区域内，手持沙包，听教师的口令，用沙包挥臂投掷打怪兽。

规则：幼儿听口令后，要将沙包挥臂投出，沙包打到怪兽才有效。

AQ 小贴士：教师引导幼儿用力将沙包对准目标投出去。不要将沙包投到同伴身上，注意游戏中的安全。

（三）结束部分

1. 师幼共同收拾整理器材。沙包四散在场地上，幼儿边念儿歌边捡沙包：“走走走，跟着老师走，捡到沙包向前走，我的玩具我收拾，我是爱劳动的好宝贝。”

2. 听音乐《向前冲》，幼儿自由放松舞蹈。

活动延伸：

将沙包投放到体育区中，幼儿自由游戏，练习夹沙包，注意跳的高度和长度。

运动时间：30 分钟

运动量预测：运动密度：40%—60%

平均心率：130—140 次 / 分。

运动曲线：

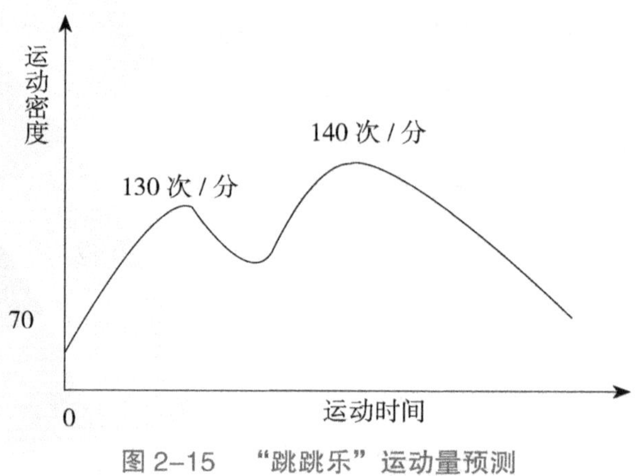

图 2–15 “跳跳乐”运动量预测

大班淬砺学习活动：我的情绪我做主（心理健康教育活动）

设计意图：

人刚出生时的第一声啼哭，是他来到这个世界的第一个情感体验。心理学研究表明，积极的情感和态度是个体持续发展的动力。情绪在幼儿一生发展中起着巨大的作用，并直接影响其个性、行为的发展。幼儿的情绪具有易冲动、易转移和易感染等特点。《3—6 岁儿童学习与发展指南》指出："知道保持愉快的情绪。知道引起自己某种情绪的原因，并努力缓解。"结合幼儿生活中的人、事、物开展主题活动，是对孩子们生活经验的迁移与提升，在月主题《我健康我快乐》开展过程中，孩子们在交流、讨论的轻松氛围中不仅对自己的情绪有了更多的了解，对于和同伴在一起做过的某些事情也牢记心中，每每交流提及，他们就像打开了话匣子，关也关不住。

活动目标：

1. 愿意在生活中保持愉快的心情。

2. 了解情绪的种类及对人身体健康的影响。

3. 尝试用正确的方式来调节情绪。

活动准备：

1. 知识经验准备：对“喜怒哀乐惊恐思”等多种情绪有深入的体验和

了解。

2. 物质材料准备：地垫6块、游戏背景音乐、控制情绪方法大图纸、《小丸子情绪》PPT、视频《当我生气的时候》、歌曲《彩虹的微笑》。

活动重点：了解情绪的种类及对人身体健康的影响。

活动难点：尝试用正确的方式来调节情绪。

活动过程：

（一）游戏导入，体验快乐。

1. 师幼玩游戏：《逃离鳄鱼岛》。

游戏方法：让幼儿围着垫子听音乐转圈（垫子四散放开，幼儿互相观察对方表情），音乐一停，幼儿站到垫子上，逐一减少垫子。

2. 幼儿分享玩游戏后的心情。

小结：原来呀，从一个人脸上的表情可以猜出他的情绪。

AQ小贴士：本环节主要让幼儿通过游戏，感受游戏中不同的情绪体验。在游戏过程中请配班老师抓拍幼儿的表情，并传至电脑中。

（二）观看图片，了解情绪。

1. 观察图片，了解情绪的种类。

（1）教师逐一出示PPT，提问：他怎么了？

（2）根据幼儿的知识经验，引导幼儿逐一说出情绪。

2. 交流讨论，了解情绪对人体健康的影响。

小结：快乐的情绪能给我们满满的正能量，人也会越来越漂亮。而不好的情绪会影响我们的身体健康。

（三）交流讨论，调节情绪。

教师出示“我的情绪调节方法”魔法纸，幼儿观察并说出自己调节情绪的方法，教师将幼儿说的方法画在纸上。

AQ小贴士：本环节提升幼儿的情绪排解能力，教师用最快的速度，用最简单的图画描绘出调节情绪的各种方法，进行汇总。

（四）观看视频，提升经验。

1. 幼儿观看视频《当我生气的时候》，了解他人排解不良情绪的方法。

师：小朋友想了这么多赶走坏情绪的办法，我们看一看外国的小朋友是怎样调节情绪的。

2. 教师小结：快乐的情绪会让我们心情愉悦，不好的情绪会让我们像头顶一朵乌云一样不舒服。告诉你们一个小秘密，以后你们在生活中如果再遇到让你生气的事情，你们可以尝试着用这些调节情绪的方法来帮助自己。

AQ 小贴士：本环节与上一环节首尾呼应，让幼儿看看其他小朋友遇到消极情绪时是怎样面对的，逐步了解情绪的变化及调节的方法。

（五）师幼小结，结束活动。

幼儿听音乐《彩虹的微笑》，跳舞结束活动。

活动延伸：

图书角自制《小屁孩日记》，记录每天的心情故事，延续情绪体验。

活动反思：

随着时代的发展，人们的生活条件逐渐优渥。现在的孩子变得经不起挫折、失败，甚至遇到不如意的事情不会及时疏导，酿成无法挽回的后果。

为了让孩子能正确地认识情绪且能正确面对并调节不良情绪，提升面对挫折时的排解力，活动开始我选择孩子很喜欢的游戏导入，让孩子在游戏中体验开心、失落情绪的变化。有了游戏的铺垫，在 PPT 背景图下，孩子们对情绪有了初步的体验与认识。活动层层递进，通过从自我感知、他人感知到情绪排解，让幼儿能充分了解情绪，并能尝试控制好情绪，做情绪的小主人。

图 2–16　小丸子表情图

二、淬砺户外活动

大班淬砺户外活动：救援蛋宝宝

游戏活动：游嬉山（大班）

自选区域：游嬉山

新增材料：鸡蛋、地垫若干，篓子，路标。

游戏过程：

1. 介绍新材料：幼儿园的山洞里有许多蛋宝宝，天气太冷了，它们没办法过冬，我们去帮帮它们吧。

2. 幼儿自主选择：幼儿自由分成两队，一队在山坡上寻找并救援蛋宝宝，一队用侧身匍匐的本领爬进山洞（幽闭空间），救援蛋宝宝。将营救成功的蛋宝宝送至篓子中。

图 2-17　淬砺山上的游戏

3. 重点观察：观察幼儿的动作发展情况，山洞里的幼儿是否采用侧身匍匐的动作要领爬进山洞救援蛋宝宝。

AQ 小贴士：山坡上有树，鸟窝里有蛋宝宝，幼儿需要用垫脚、爬树以及合作等方式才能接触到它们，孩子根据兴趣特点和动作发展的不同层次，自由选择不同区域游戏，教师鼓励幼儿自己想各种办法营救蛋宝宝，利用幼儿园独有的“幽闭空间”，培养幼儿勇敢探索的精神，提高动作技能。

4. 交流分享：活动结束后与同伴交流自己是采用何种方式营救蛋宝宝的。

图 2-18　战壕游戏

大班淬砺户外活动："敏兔"篮球队队员选拔活动

活动目标：

1. 积极参加"敏兔"篮球队队员选拔活动，体验竞争的乐趣。
2. 学习按要求参与各个单项比赛活动。
3. 能够正确对待比赛的结果。

活动时间：2019 年 4 月 4 日、4 月 11 日下午 3：30—4：30

活动地点：幼儿园操场

活动准备：提前通知家长，进行器材、场地准备。

游戏场地准备如图：

图 2-19　户外游戏场

活动过程：

（一）教师介绍活动背景、活动内容、活动要求等。

教师向小队员和家长们分别讲解和介绍本次比赛项目及地点，并对比赛提出总体要求和各项需遵守的规则。

（二）篮球教练带动热身，充分活动身体，调动队员参赛热情。

热身游戏：篮球热身操、口令大变换、大灰狼来了。

（三）所有参赛队员分组开始比赛。

图 2–20　篮球小明星宣誓

场地布置及游戏玩法：

1. 10 米折返跑

比赛地点：塑胶跑道。

材料：计时器、记号笔，场地上设置起点线和终点线。

玩法：参赛幼儿两人一组，听到口令，从起点出发，依次将场地一边的饮料瓶运送到场地另一边后快速折返回起点，裁判计时。

计分规则：少于 6.4（包括 6.4 秒）秒记 4 分，少于 7 秒（包括 7 秒）记 3 分，少于 9 秒（包括 9 秒）记 2 分，少于 10.5 秒（包括 10.5 秒）记 1 分。

规则：未跑到终点线就折返者不计成绩。

裁判：陈静、中三班家委。

图 2-21 10 米折返跑

2. 单手快速运球，定点投篮

比赛地点：塑胶跑道

材料：篮球、篮球架、计时器，将篮球架搬至跑道。

玩法：幼儿在起点处排队，一人手持篮球，从起点出发，单手快速运球到篮筐下，双手用标准动作投篮入筐，每人有三次投篮机会，可累计成绩。

计分规则：篮球不掉，投篮命中者计 3 分；篮球掉了捡回，投篮命中者计 2 分；篮球不掉，投篮未中者计 1 分。

规则：运球过程中篮球跑掉者不计成绩。

裁判：教师、菠萝教练。

3. 协作走

比赛地点：游嬉山下半圆处，画好两米以内的起点和终点距离。

材料：记号笔，计分表，场地上设置起点线。

玩法：幼儿两人一组，每轮两组在起点线处准备，听到口令，幼儿两两协作喊口令向前，最先到达的一组获胜。

计分规则：先到达的一组每人计 2 分，后到达的一组每人计 1 分。

规则：协力鞋超出起点线的小组不计成绩。

裁判：教师、中二班家委。

AQ小贴士：在“协作走”游戏中，需要组员能相互配合、口号一致（“一二、一二”和“左右、左右”）迈步向前，对于小组成员具有一定的挑战性。发生口令、步伐不一或小组互相抱怨对方，甚至中断比赛时，教师应及时进行鼓励和调节，引导队员找到解决困难的办法，努力克服困难，和同伴一起合作完成游戏。

4. 远程投球

比赛地点：靠近树屋操场半边，画好起点线。

材料：小棒球、卷尺、面粉、记号笔，场地上设置起点线。

玩法：幼儿两人一组，在起点线处持球准备，听到口令，将沾有面粉的小棒球投出，裁判根据小球落地后的白色标记丈量数据。

计分规则：大于 8.5 米（包括 8.5 米）计 4 分，大于 6 米（包括 6 米）计 3 分，大于 4.5 米（包括 4.5 米）计 2 分，大于 3 米（包括 3 米）计 1 分。

规则：裁判没有吹哨之前将球投出者不计成绩。

裁判：教师、小一班家委。

5. 你攻我防本领大

比赛地点：圆形操场靠近护栏半边

场地材料：篮球，塑料筐。

玩法：幼儿两人一组，自由结伴，分为 A、B 幼儿，先由 A 幼儿来运小猪（篮球）攻向猪圈（塑料筐），途中 B 幼儿来攻，如果 A 幼儿能顺利将小猪运回猪圈，那么就记录 A 幼儿得 1 分，但如果途中被 B 幼儿抢断小猪，则 B 幼儿得 1 分。比完一轮后两名幼儿交换角色来进行第二次比赛。

图 2–22 你攻我防本领大

AQ小贴士：在“你攻我防本领大”游戏中，教师应注意观察两名幼儿现场PK情况，当幼儿遇到攻防僵持不下时，教师应鼓励幼儿勇敢主动出击，充分体验紧张、刺激的篮球竞技；体验勇敢出击的成功感，并提醒幼儿在攻防过程中注意安全。

计分规则：运球成功计 1 分，抢断成功计 1 分。

规则：防守或进攻时拉人、推人，造成犯规时，不计成绩。

裁判：教师 2 名。

6. 圈中球（集体游戏，前面项目比完后再进行）

比赛地点：幼儿园操场

材料：篮球场地中间画一个圆圈。

玩法：将所有幼儿分成人数相等的若干组。在场地边站好。听到教师口令后，被点到的一组带球进入场地进行拍球，在规定时间内，球被抢断并滚出场外的幼儿淘汰，留在场中的幼儿获胜。游戏依次进行。

计分规则：抢到篮球者计 1 分。

规则：听到教师发令后，方能跑去抢球。

裁判：教师、教练。

图 2–23　圈中球

7. 抢球大赛

比赛地点：幼儿园操场

玩法：所有幼儿在场地中央，园长妈妈和教练两人手中各持一个篮球。听到开始口令后，幼儿去抢断园长妈妈和教练手中的球。

计分规则：抢到篮球者计 1 分。

规则：听到教师发令后，方能跑去抢球。

裁判：教师两名。

图 2–24　与园长妈妈一起玩抢球大赛

（四）师幼交流游戏感受，大胆说出游戏过程中和游戏结束后的心情。

（五）“特别指导”园长妈妈对本次活动作总结发言。

1. 园长妈妈肯定和赞扬了小队员们拼搏、勇敢、顽强的优良品质，队员们的良好表现是淬砺教育的成果。

2. 园长妈妈寄语：孩子们能在对抗中不怕苦、守规则、争第一，为适应社会打下坚实的基础。希望孩子们在习得打篮球技能的同时，更能做到胜不骄，败不馁，积极坚持打球、坚持锻炼，成为更优秀的自己！

湖北省实验幼儿园亲子远足活动方案

活动主题：远足闯关 淬砺前行 ——“我和秋天有个约会”

活动时间：2018 年 11 月 2 日（周五）上午 9：00—11：30

活动地点：沙湖公园

活动目标：

1. 亲近大自然，开拓视野，寻找秋天的“美”。

2. 能积极参与闯关游戏，敢于挑战有难度的游戏项目，提升不怕困难、勇于挑战的意志品质。

3. 主动和父母一起参与游戏，促进亲子感情。

图 2–25 沙湖公园

活动准备：

（一）保教部门准备

1. 各班教师前期召开家长会，告知家长相关事宜。

2. 家长及幼儿自愿报名，教师统计参与人数。

3. 每名幼儿由 1—2 名家长陪同，仅限父母，家长着便于运动的服装及鞋子，下载计步软件（QQ、微信、电话手表、运动手环等）；出行路上注意安全，准时到达，给孩子做个好榜样。

4. 请家长合理把握“安全与挑战”的度，既时刻关注孩子安全，又大胆放手，让孩子挑战自我，独立完成任务。

5. 幼儿着班服、运动鞋，戴帽子；自备双肩包、水壶、汗巾、湿巾、户外垫及环保袋等。

（二）后勤准备

1. 保健医生携带医药箱（必备药物）。

2. 保安负责全程的安保工作。

3. 后勤行政人员分至各班，保障幼儿安全。

活动流程：

（一）快乐热身，整装待发

1. 上午 9：00 在沙湖公园正大门集合，各班清点人数，家长签到，拍集体照。

2. 主持人介绍本次远足活动安排及意义，夏园长讲话。

3. 热身环节：舞蹈《园歌》、武术操，活动身体。

图 2-26　全园在沙湖公园集合

图 2-27　园长妈妈讲话

（二）远足闯关，淬砺前行

1. 开始远足：整理行装，交代要求，统一从起点出发。

2. 以家庭为单位，徒步远足寻找秋天的足迹，同时每名幼儿需完成途中的闯关游戏，集满 7 个印章才为完成“寻秋之旅”，领取小礼物。

3. 闯关游戏具体如下：

图 2–28　寻秋地图

（1）游戏名称：秋日童话

游戏材料：动物卡片、游戏卡片、游乐园或公园卡片若干并分盒装好；游戏说明一份。

游戏玩法：每位幼儿分别从三个盒子中随意各抽出一张卡片说一句话。小班必须用到词语“秋天”，如秋天到了，小兔子在果园里摘橘子；中班必须用到词语“秋天”“开心”；大班必须用到词语“秋天”“黄色”“蓝天”“高兴”。按照要求说出一句话的可以获得奖励贴纸一枚。

（2）游戏名称：穿越秋色

游戏材料：包装绳 6 根，每根 3 米，秋天的树叶若干。

游戏玩法：幼儿从起点穿越障碍，身体不能触碰到中间的线，到达终点的幼儿即可获得一个奖励贴纸。

图 2–29　穿越火线站点

（3）游戏名称：秋日“诗”语

游戏材料：以家庭为单位自备关于秋天的古诗。

幼儿园远足活动横幅；勾线笔、马克笔。

游戏玩法：幼儿和家长来到闯关地点，背诵一首关于秋天的古诗，可以家庭为单位进行表演，也可和其他班家庭或路人一起背诵。完成背诵任务的幼儿和家长一起在幼儿园寻秋之旅横幅上签名，并获得贴纸奖励。

（4）游戏名称：枫韵秋色

游戏材料：快乐游戏卡 10 套。

游戏玩法：每位幼儿在老师的信封里随机抽取一张游戏卡，并按游戏卡上的要求完成“快乐传递”任务。

图 2-30　寻秋之约

（5）游戏名称：秋舞翩翩

游戏材料：银杏、菊花、枫叶、梧桐、柿子胸饰若干；银杏、菊花、枫叶、梧桐、柿子图片一套；音乐《秋天那么美》。

游戏玩法：将游戏者分为五组（银杏、菊花、枫叶、梧桐、柿子），各组分别在空地上牵好圆圈，教师任意从一组开始喊口令，如：银杏蹲，银杏蹲，银杏蹲完菊花蹲，听到口令后，银杏组赶快开始，游戏依次进行，听到口令未反应的组则输掉比赛。

游戏惩罚：输掉比赛的组在教师处抽一张关于秋天的图卡，用肢体语言表现图卡中的动作，并停顿 5 秒。

（6）游戏名称：秋之掠影

游戏材料：相机3台，幼儿提前穿好关于秋天主题的装扮（如叶子等）。

游戏玩法：幼儿找一名“陌生人”，共同拍摄一张关于“秋”的照片。

（7）游戏名称：拾秋聚美

游戏材料：教师准备一块画有圆徽轮廓的白布、两大瓶胶水；就地取材的树叶。

游戏玩法：中、小班每名幼儿捡5—10片树叶，大班小朋友捡20片以内的树叶，放在白色布上进行拼图。

（三）享受阳光与美食，分享收获与感悟。

1. 家长、幼儿自由组合交流游戏收获与感受。

2. 幼儿代表、家长代表发言，主持人小结。

3. 美食分享，亲子舞蹈《感恩有你》。

4. 合影留念，清理场地，结束活动。

图 2-31　全员召集

图 2-32　垃圾分类回收

湖北省实验幼儿园“今夜不回家”活动方案

活动目标：

1. 通过“我是勇敢者，夜宿幼儿园”活动，让幼儿体验团体生活，提高独立性及生活自理能力。

2. 积极参加幼儿园夜间组织的各类活动，提高坚强、勇敢的意志品质。

活动主题：“我是勇敢者，夜宿幼儿园”

人员安排：

1. 参与幼儿：大班组幼儿 40 人（每班 20 人）

2. 参与工作人员：

全程（17：30—8：30）：行政人员（园长及保教主任 5 人）、大班组老师（6 人）、医生（1 人）、保安（2 人）、门房师傅（1 人）

半程（17：00—21：00）：小班组全体保教人员，另一名医生

活动形式：

采取自愿报名的方式，每个大班限 20 人报名，额满为止。

报名时间及形式：家长在与孩子沟通的基础上，在本班老师处报名，经过班级教师初审和园部审核后填写回执。

活动准备：

（一）园方准备

1. 方案拟定、报名审核

要求：

（1）无先天性疾病，身体健康；

（2）开朗勇敢，善于与人沟通；

（3）具有独立入睡、独立盥洗等自理能力。

2. 勇敢者童军游戏方案及活动材料准备

3. “好习惯好睡眠”互动活动方案及活动材料准备

4. 全园安全检查及后勤供给，幼儿自助餐准备：饺子皮、饺子馅儿

5. 户外场地准备、安全预案

6. 幼儿洗漱热水及相关准备

7. 活动跟踪记录（照相、摄像）

8. 微信通知、海报、通讯撰写

（二）家长准备

活动当天为幼儿准备牙刷、牙刷杯、牙膏、脸盆、毛巾、睡衣、内衣等。

活动流程：

1.17: 30—18: 40，美味自助餐，教师与幼儿一起包饺子，品尝劳动成果。

2.18：50—19：50

（1）开营典礼

第一项：小勇士进场。

每班孩子分成两队进场，边踏步进场，边喊口号。

口号：我是勇敢小小兵，不怕困难向前进。

第二项：队列变换及舞蹈“千字文”。

第三项：园长讲话

第四项：宣誓

誓词：我宣誓，我愿意遵守所有的游戏规则，互相帮助，顽强拼搏，赢了不骄傲，输了不气馁。天黑了不害怕，自己的事情自己做，做个团结友爱、勇敢坚强的小小兵。

（2）勇敢者童军游戏

游戏一：智勇大接力

准备1: 起点线和终点线各一条。独轮车4个、大沙袋4个、单元桶若干。

玩法1：幼儿分成10人一组，佩戴红、黄、蓝、绿四种颜色的队标，从起跑线处出发，将沙袋装进独轮车中，绕过障碍，将沙袋运到对面。对面幼儿接力将沙袋运回。游戏反复进行。

规则1：最先结束游戏的组获胜，即可得到奖励印章一枚。

准备2：单元桶若干、体能棒若干、软垫若干、系有铃铛的绳子若干。

玩法2：幼儿从起点出发，鱼贯游戏。依次进行跨跳、匍匐爬行、纵跳触物等游戏。

规则2：顺利完成游戏后即可得到奖励印章一枚。

AQ小贴士：幼儿手扶独轮车，双手需要用力才能保持独轮车的平衡，平衡车里放沙袋，又加重了双手的压力，更具挑战性。教师应引导幼儿学习正确的推车方法，鼓励幼儿选择高难度的挑战任务并努力完成游戏。

游戏二：户外寻宝

准备：幼儿园全景图、任务卡、装有拼图的信封若干、吸铁石、黑板。

玩法：将拼图四散放在树屋和运动基地处。幼儿分成红、黄、蓝、绿四个人数相等的小分队，每组提供一张任务卡，根据提供的线索找到相应颜色的“宝物”——拼图，最先拼好一整张幼儿园全景图的那组获胜。

规则：最先找全一张完整的幼儿园全景图的队伍获胜，即可得到奖励印章。

AQ小贴士：本游戏考验的是幼儿的合作能力，要求幼儿能够站在团队的角度考虑问题，并能够正确对待比赛结果，赢了不骄傲，输了不气馁。

游戏三：光影游戏

准备：手电筒若干个

玩法：1. 幼儿在一定范围的区域内追逐光影跑

2. 几人一组，自由玩皮影游戏

3. 合影留念

4. 20：00—20：10，好习惯好睡眠互动活动

5. 20：10—20：40，我会自己洗，幼儿进行睡前洗漱（刷牙、洗脸、更换睡衣）

6. 20：40—20：55，超炫睡衣秀，幼儿和教师进行睡衣秀表演

7. 21：00，晚安好梦，倾听故事（音乐），入睡。

湖北省实验幼儿园2019年庆“六一”活动方案

活动时间： 2019年6月1日（周六） 上午9：00—12：00

活动地点： 江夏锦绣山庄

活动主题： 燃爆定向行 淬砺等你来

负责人： 夏君

具体负责人：闫运芳、刘丹、陶芳、徐金晶、孙小晶

活动内容：

1.“燃爆舞台”——幼儿才艺展示

2.“燃爆淬砺”——亲子定向赛

前期准备：

（一）方案拟定

1. 幼儿园庆“六一”活动方案：刘丹

2. 幼儿园庆“六一”活动安全预案：陶芳

3. 淬砺亲子定向赛活动方案：孙小晶

（二）环境创设

1. 庆“六一”儿童创意作品展、班级环境：各班班长

各班创设富有节日气氛的室内外环境。

2. 全园户外环境及清洁：闫运芳、聂惠梅

（三）活动准备

1. 与武汉市定向运动协会沟通活动方案，LED 屏六一节日祝福、租赁服装（主持、教师节目）：刘丹、孙小晶

2. 舞台背景“湖北省实验幼儿园庆‘六一’活动——燃爆定向行，淬砺等你来”、微信邀请函（周三下午发出）及活动宣传、门厅宣传：徐金晶

3. 舞台地毯、幼儿勋章、主持人、音乐、音响、话筒：孙小晶、徐滢婷、大班小朋友（2 名）

4. 班级准备：各班班长

（1）5 月 29 日（周三）检查幼儿、教师节目。

（2）周五各班召开家长会，告知活动注意事项，保证幼儿安全。（家长带幼儿自行前往江夏锦绣山庄，9：00 在江夏锦绣山庄大门集合签到，领取定向赛指卡，幼儿节目彩排；每名幼儿由 1 位家长全程陪同（仅限父母）；幼儿穿班服，在家化妆、家长穿白色 T 恤，自带食物、折叠小椅，戴帽子，作好防晒工作，尽量拼车。

5. 保健医生携带相关药品，以备不时之需。

（四）现场工作安排

1. 全体教师穿园服：上穿红T恤，下穿黑色裤子；各班请专业家长拍照、摄像，留下活动资料。家长签到、反馈，戴班牌。

2. 后勤、安全保障（保安），安排车辆：闫运芳、陶芳

3. 活动协调人员：刘丹、徐金晶

4. 舞台音乐播放：周丽萍、胡谢茹

5. 照相：刘媛、陈小明

6. 撰写活动小结：徐金晶

7. 微信制作：刘彦辰

8. 全体教职员工8：20在江夏锦绣山庄大门集合，7：00从幼儿园发车。（周五部分教师前往锦绣山庄准备相关事宜）

（五）活动流程

1. 主持人开场

2. 家庭代表讲话（小一班刘知远小朋友和爸爸）

3. 园长讲话

4. 幼儿才艺展示（各班一个节目3—5分钟，教师节目放中间）

5. 淬砺亲子定向赛（具体方案附后）

6. 活动小结，为幼儿颁发淬砺勋章，清场结束。

图2-33 幼儿节目展示1

图 2-34　幼儿节目展示 2

附：淬砺亲子定向赛活动方案

活动目标：

1. 通过寓教于乐的方式，促进亲子沟通和交流。

2. 尝试看地图完成任务，有坚韧不拔的意志品质和不怕困难的精神，积极闯关完成任务，增强团队协作能力。

3. 养成独立分析和解决问题的能力。

活动形式：

1. 采用专业定向仪器计时。

2. 按照地图上的标识依次到达指定目标，完成点标任务，回到终点结束计时。

路线设计：

1. 线路一

1	42
2	43
3	44
4	45
5	46
6	47
7	34

图 2-35　定向赛地图 1

2. 线路二

1	46
2	47
3	34
4	42
5	43
6	44
7	45

图 2–36　定向赛地图 2

比赛项目：

1.mini 高跷接力

2. 六人板鞋竞技

3. 丛林探险

4. 珠行万里

5. 黑箱摸物

6. 飞夺泸定桥

7. 一圈到底

游戏玩法与规则：

任务点标：42

点标任务：

1. 签到

全队到达 42 号点签到处，六人到齐，队长举手，裁判验证后队长完成签到。

2. 任务规则

“珠行万里”：在任务区内规定两条直线，一条为起始线，一条为终点线，在终点线上放置装球道具；全队到达任务区后，每个队员手拿一根半圆形的球槽，将球放入球槽内，进行接力将球运至终点装球处，如有掉球或回流，则回到起点重新开始，两分钟内完成即可通关。

3. 通关

图 2–37　珠行万里

全队完成挑战经裁判认证后，请前往通关区，进行验证，领取下一站任务书并盖上通关章。

温馨提示：

1. 在完成游戏过程中，要照顾其他队员，告诉他们“你们是一个团队哟”。

2. 所有点标按顺序完成，否则成绩无效。

所需道具： pc 管 15 个，网球 4 个，纸篓 3 个。

负责教师： 毛晚霞，印传芳，定向 1

任务点标： 43

点标任务：

1. 签到：全队到达 43 号点签到处，六人到齐，队长举手，裁判验证后队长完成签到。

2. 任务规则

“黑箱摸物”：小队员将手伸进各自的箱中，靠手的触感辨别箱中的物品，限时 30 秒，猜出箱中物品即为通关。

3. 通关

全队完成挑战，经裁判认证后，前往通关区，进行打卡验证，领取下一站任务书并盖上通关章。

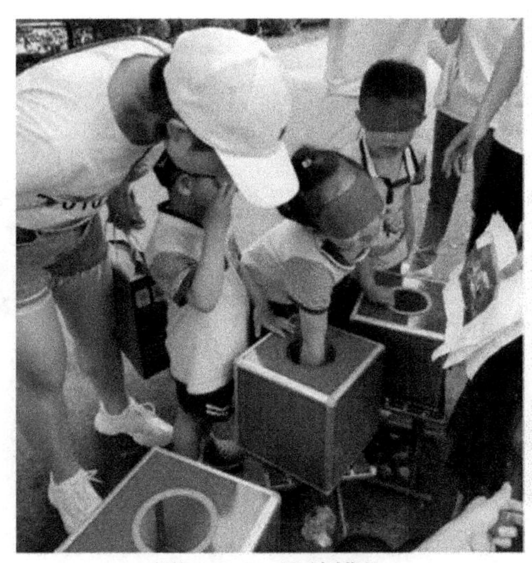

图 2-38 黑箱摸物

温馨提示：

1. 参赛选手在果园完成任务的同时要爱护树木，随手带走垃圾；

2. 完成游戏过程中要照顾其他队员，你们是一个团队哟。

所需道具：箱子 5 个，眼罩 10 个，兔子 2 只，乌龟 2 只，尖叫鸡 1 个，假蛇 2 条，刺刺球 3 个，手套 5 个（箱子中的物品可以调整）。

负责教师：黄星星，陈谢梦颖，定向 2

任务点标：44

点标任务：

1. 签到

全队到达 44 号点签到处，六人到齐，队长举手，裁判验证后队长完成签到。

2. 任务规则：“飞夺泸定桥”

飞夺泸定桥是中国工农红军长征中的一场战役，发生于 1935 年 5 月 29 日，中央红军部队强渡大渡河成功，红四团官兵在下大雨的情况下跑步前进，到达泸定桥西岸。第二连连长和 22 名突击队员冒着枪林弹雨和火墙密布的铁索踩着铁链夺下桥头，并与东岸部队合围占领了泸定桥。

全队到达指定任务区域后，穿好指定装备，依次通过泸定桥。身临其境体验革命前辈的事迹。

3. 通关

图 2-39　飞夺泸定桥

全队完成挑战经裁判认证后，请前往通关区，进行验证领取下一站任务书并盖上通关章。

温馨提示：

1. 水上活动，请听从裁判的指导，注意安全；

2. 所有点标按顺序完成，否则成绩无效。

所需道具：保护装备若干套

负责教师：吴娇，马双，定向 3

任务点标：45

点标任务：

1. 签到：全队到达 45 号点签到处，六人到齐，队长举手，裁判验证后队长完成签到。

2. 任务规则

“一圈到底”：全队来到指定任务区域后，全队手拉手围成一圈，用呼啦圈穿过所有人的身体回到原位。在活动过程中，不能以语言为沟通工具，只能依靠肢体语言和眼神进行沟通，相互拉着的手不能放开，也不能用手指去勾呼啦圈，每队完成两圈即可通关。

3. 通关

全队完成挑战经裁判认证后，请前往通关区，进行验证领取下一站任务书并盖上通关章。

温馨提示：

1. 在园区内请照看小朋友，不要随意乱跑哟！

2. 所有点标按顺序完成，否则成绩无效。

所需道具：五个呼啦圈

负责教师：罗琳，徐滢婷，定向 4

任务点标：46

点标任务：

1. 签到

全队到达 46 号点签到处，六人到齐，队长举手，裁判验证后队长完成签到。

2. 任务规则

“丛林探险”：全队到达指定任务区域后，选出一人穿上指定装备，通过索道即为通关。

3. 通关

全队完成挑战经裁判认证后，请前往通关区，盖上通关章。

温馨提示：

1. 遇到任务点排队，请大家不要拥挤，有序排队完成任务；

2. 完成挑战即可获得下一关任务卡，记得盖章哟。

所需道具：丛林道具一套

负责教师：肖玉，舒文琪，定向 5

任务点标：47

点标任务：

1. 签到

全队到达 47 号点签到处，六人到齐，队长举手，裁判验证后队长完成签到。

2. 任务规则

“六人板鞋”竞技：全队进行“六人板鞋”赛跑，全队合力行至终点，并与另一支参赛队伍 PK，赢的队伍直接通关，输掉的队伍则继续与下一支队伍 PK，若队伍连续输掉三场比赛，则需在其他队伍 PK 时充当一轮啦啦队，经裁判认证，即可通关。如到达时只有一支队伍，在赛道上进行“六人板鞋”折返，完成后前往通关区。

3. 通关

全队完成挑战经裁判认证后，请前往通关区，盖上通关章。

温馨提示：

1. 遇到任务点排队，不要拥挤，有序完成任务；
2. 完成挑战即可获得盖章。

图 2–40　板鞋竞技

所需道具：板鞋道具 2 套

负责教师：陈静，刘彦辰，定向 6

任务点标：34

点标任务：

1. 签到

全队到达 34 号点签到处，六人到齐，队长举手，裁判验证后队长完成签到。

2. 任务规则

“mini 高跷接力”：根据裁判指导，两人踩上 mini 高跷，剩余四人搀扶并前行 5 米，到达后换两名队员继续前行 5 米，中途掉下则重新开始，经裁判验证通关。

3. 通关

全队完成挑战经裁判认证后，前往通关区，盖上通关章。

温馨提示：

1. 相互搀扶注意安全，会更快地完成任务哟；
2. 完成挑战即可获得盖章。

所需道具：mini 高跷 4 套

负责教师：聂琛惠，刘圆圆，定向 7

图 2–41 mini 高跷接力

三、淬砺游戏活动

大班淬砺游戏活动：“军运会”大演习

设计意图：

一天，在户外活动时，几名幼儿自发地玩起了爬行游戏，趴在垫子上前进，且乐此不疲，其他幼儿也高兴地加入其中。《3—6 岁儿童学习与发展指南》提出，“能以匍匐、膝盖悬空等多种方式钻爬”是幼儿的身体素质的发展目标，在提升动作技能的同时，本次活动旨在用游戏化的方式，让幼儿正确地掌握手脚一致地匍匐向前爬行，培养幼儿不怕困难、勇于挑战的运动精神。依据幼儿的兴趣，在情境创设和任务挑战中，通过匍匐、障碍匍匐等动作，鼓励幼儿积极参与游戏。

游戏目标：

1. 勇于挑战困难，体验演习成功的快乐。
2. 练习手脚协调一致地匍匐向前爬行。
3. 能与同伴互相配合完成游戏。

游戏准备：

1. 知识经验准备：观看过解放军训练的视频，了解军运会。
2. 物质材料准备：垫子、粘球衣、匍匐网、音乐等。
3. 活动场地准备：户外游嬉山。

游戏重点：掌握正确匍匐前进的动作。

游戏难点：能与同伴共同商议完成游戏任务。

游戏过程：

（一）开始部分

1. 师幼听音乐跑步入场，沿操场做走跑交替动作练习。
2. 听音乐做活动准备操。

（二）基本部分

1. 创设情境，引出活动

师：军运会马上就要开始了，我们要练习新本领啦！

2. 自由探索、练习动作

（1）幼儿自由探索海绵垫的玩法

师：今天的训练就是通过海绵垫，想一想怎样用爬的方式通过海绵垫。

教师小结：大家都用了不同的办法快速通过了海绵垫，谁来给我们展示一下？（展示完毕）他的样子很有意思，我们一起来学一下。这个动作有一个名字，它叫匍匐前进。

（2）自由练习，掌握动作

师：匍匐前进时，屈回右腿，伸出左手，用右腿和左臂的力量使身体前移，屁股不能拱起来。

3. 设置任务，集体游戏

（1）游戏一：夺取炸弹

师：今天我们还要完成一个任务，用炸弹炸毁一个碉堡。路上会有铁钉网，我们要用匍匐前进的方式，才不会碰到铁钉，身体才不会受伤。

玩法：幼儿分为“海军”和“陆军”两组，分别站在山坡的两端。听到口令后，迅速冲向中间“飞机”处拿到“炸弹”，经过铁钉网和一些障碍物，到达飞机。

图 2-42　捡“炸弹”

规则：匍匐前进至“飞机”，每人只能拿两个球。

AQ 小贴士：这一环节中，“炸弹”悬挂于“飞机”上方，根据幼儿的需要，“炸弹”的高度不同，幼儿需要攀爬才能得到更多的炸弹，具有一定的挑战性。这个游戏着眼于幼儿的最近发展区，为其提供带有难度的内容，调动幼儿的积极性，发挥其潜能。

（2）游戏二：勇炸碉堡

玩法：两队取器械，在“基地”门口进行“防御线”难度提升（器械摆放）。“防御线”设置好后，幼儿双手各拿一个球，向对方“基地”进攻，将小球投掷粘球衣上，即为炸碉堡成功。

规则：“防御线”只能设置在己方“基地”门口的一条山坡上。

（3）到达对方“基地”，投掷小球，如果没有粘到衣服上，需捡起来重新投掷。

AQ小贴士：幼儿将“炸弹”拿在手上匍匐前进，教师根据幼儿的能力，减少匍匐垫，进行实战匍匐，活动前排查安全隐患，注意山坡上的石子、木屑等。

（4）游戏三：空军来了

玩法：幼儿做拿手枪的动作，绕着操场进行跑步躲闪，听到“嘭”的声音时，集体躲进“防空洞里”（战壕洞）。

规则：听到“嘭”的声音时，需迅速躲进“防空洞”内。

（三）结束部分

1. 评价游戏，颁发勋章

师：恭喜小小童军们，完成“军运会”大演习任务！现在我来给你们发勋章。

2. 放松身体，收拾器械

AQ小贴士：本节活动把提出问题、解决问题的有效学习贯穿其中，提高幼儿解决问题的能力，同时，幼儿身体的各项技能都得到了锻炼，他们收获了成功的喜悦。

图 2-43　匍匐前进

活动延伸： 户外区域游戏时可鼓励幼儿继续利用各类器材开展挑战性游戏。

运动时间： 25 分钟

运动量预测： 运动密度：40%—60%

平均心率：130—140 次 / 分。

运动曲线：

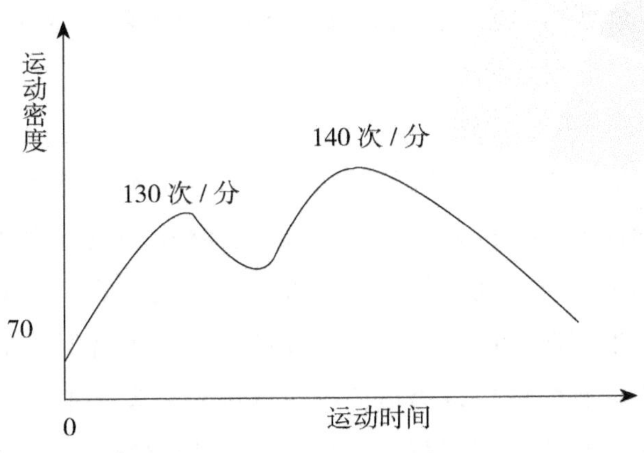

图 2-44 “‘军动会’大演习”运动量预测

活动反思：

（一）建立榜样，创设情境

有这样一句话：“兴趣是最好的老师”，幼儿学习的注意力往往只有几分钟到十几分钟不等，在短短 30 分钟的活动中，如何使幼儿尽可能地把注意力的重心放在情境游戏上，成为教育活动之中最为重要的一个环节。

围绕情境教学法的核心，活动开始前我通过穿着迷彩服这一与平时穿着有较大差异的服装方式，从视觉感官上对幼儿进行刺激，通过进行合理的引导，创设解放军情境，激发了幼儿想要成为解放军的欲望，从而为后面的各个环节的活动创造了良好的兴趣准备。并从中贯穿了解放军概念与我国军队组织的教学，使幼儿基本了解到解放军一词与军人之间的直接联系，认识到解放军是中国军队的统称。

（二）自主创造模拟分享

活动中我组织幼儿面对问题时先进行观察和思考，然后再请幼儿尝试各种解决方法。比如通过山体障碍部分，这部分的要求是幼儿通过跳、跨的方式完成活动，对于这个环节中出现的钻的现象，我并没有对孩子进行纠正，方法是人想出来的，对于这种想出不一样方法的孩子，我给他们的是鼓励和支持。这样的做法不仅使个别孩子收获到创新的喜悦，也带动了其他孩子有了创新的想法，使得大家都能分享到创新带给自己的成就感，增强了孩子参与游戏活动的信心。

（三）建立支架，辅助幼儿

维果茨基的“最近发展区”理论提道：学生有现有水平和可能发展的水平，教学应着眼于这两个水平之间的区域——最近发展区，为其提供带有难度的内容，调动他们的积极性，发挥其潜能，超越其最近发展区而达到下一发展阶段的水平，然后在此基础上进行下一个发展区的发展。这时我们的教学就应该为他们提供这样一个发展平台，去发现和了解他们应达到的水平，在儿童对活动或问题的探究感到困难或无主意时，成人利用一定的指导，把任务分成可处理的单元，并唤起儿童对单元任务的特殊性的注意，当儿童能力提高后，成人可以减少或不再提供指导，即所谓的支架拆除。

（四）解决问题，完成任务

活动开始前，通过迷彩服的引导，幼儿萌生成为解放军的激情，组织幼儿进行第一个片段的练习，确定了孩子们的“解放军身份”，通过创设任务情境的方式，把孩子们带到了提出问题到解决问题的一系列训练环节之中，不断引导学生提出问题，解决问题，再产生深层次的问题。教学中几个情境的设置有山体障碍、电网障碍，目的都是引导幼儿思考，环环相扣，最终完成总体任务“炸碉堡”。

图 2–45　壕洞游戏

大班淬砺游戏活动：军运小小兵（健康）

设计意图：

军运会是当下的热门话题，各项竞技运动场馆的建设也再度掀起了全民运动热潮，幼儿园的小朋友们也接受了积极创建文明城市、迎接军运会等社会性教育。我园以健康办园为特色，并且近年来在淬砺教育的实践上成果斐然，我园的孩子在户外活动中，在游戏的挑战性、动作发展的全面性上，在同龄幼儿中居于较高的水平。基于幼儿的已有发展水平，依据《3—6 岁儿童学习与发展指南》提出的“5—6 岁幼儿能在斜坡、荡桥和有一定间隔物体上较平稳地行走；能以手脚并用的方式安全地爬攀登架、网等”，为满足幼儿能利用多种活动发展身体的平衡和协调能力，为激发幼儿游戏的兴趣与挑战精神创造环境条件和提供机会，我设计了本次游戏活动，旨在让幼儿在愉悦的氛围中，敢于挑战，不畏难，大胆参与，不断地尝试在游戏中掌握保持平衡通过铁索障碍的本领，并结合游戏内容对幼儿进行安全教育，注重在活动中培养幼儿的自我保护能力。

活动目标：

1. 不怕困难，体验挑战成功后的愉悦心情。

2. 尝试通过新创设的空中路径运送物资，完成任务。

3. 能大胆挑战，与同伴互相帮助顺利完成挑战。

活动准备：

1. 知识经验准备：幼儿会玩攀岩墙和树上的垂直攀爬梯。

2. 物质材料准备：每人一件粘球衣；小球若干；音乐；“兵兵”奖章。

3. 环境创设准备：攀岩墙游戏区域、空中铁索通道。

活动重点： 挑战横渡新创设的铁索通道。

活动难点： 能与同伴互相帮助完成整个运送物资的过程。

活动过程：

（一）开始部分

1. 师幼听音乐跑步入场，做队列变换。

2. 热身操——小小兵热身操（重点活动四肢）。

图 2-46　热身活动

（二）基本部分

1. 小兵集训，攀爬本领大

（1）幼儿自由选择现有的攀爬路径进行快速攀爬游戏。

（2）观察游戏场地，挑战垂直竖梯。

2. 暴雨来袭，铁索大救援

（1）新增材料，创设情境。

（2）幼儿观察新增器材，小组商量横渡铁索的方法。

（3）尝试挑战，攀爬树梯，横渡铁索运送物资。

AQ小贴士：幼儿在游戏中带着任务横渡空中铁索，“小小兵”不仅要克服心理恐惧，接受身体挑战，还需要保护好自己背上的“物资”，具有一定的挑战性，教师应仔细观察，鼓励幼儿在行动的同时注意安全。

图 2-47　攀爬墙上游戏

图 2-48　山坡游戏

3. 奔跑游戏，抢占最高地

（1）教师介绍基本玩法：幼儿听音乐围着跑道跑，音乐停止时要快速选择一种攀爬方式到达最高点，要求既快速又安全。

（2）师幼共同游戏。

AQ小贴士：教师观察幼儿的动作，当开始要求攀爬速度时，挑战性逐步增加，此时应鼓励幼儿勇于努力挑战自我极限。同时，提醒幼儿手抓紧、脚踩稳，注意安全，并将地面防护软垫加宽、加厚，确保幼儿的安全。

（三）结束部分

1. 师幼互评活动情况，颁发“兵兵”奖章。

2. 师幼边放松边交流互动，收拾材料，离开场地。

活动延伸：

继续开展攀爬、横渡铁索系列活动，还可以结合海陆空基地，挖掘更多游戏情景，逐步加大挑战难度，提升幼儿的运动能力及应变能力。

活动反思：

1. 形式新颖，挑战性强

健康的体育锻炼，能有效促进幼儿八大动作技能的全面发展，这对于幼儿来说是非常重要的。但幼儿不同于成人，他们在锻炼过程中，需要成人给予一定程度的保护，并且创造出具有乐趣的挑战，来激发幼儿参与其中。本次游戏活动的组织从设计上来看，情境创设结合当下时事，较为新颖，创设空中铁索让幼儿进行横渡，挑战性强，孩子们对于游戏情景十分感兴趣，参与积极性特别高。

孩子们正是从一次又一次的尝试中逐步克服困难，勇敢自信不会凭空而来，孩子们正是在一次次尝试中进行自我认识，才形成不畏困难、顽强坚毅的精神品质。

图 2–49　飞跃铁索

2. 尊重幼儿，关注差异

在幼儿游戏的过程中，幼儿从攀爬游戏，过渡到横渡12米的空中铁索，对于动作发展适中、偏弱的孩子来说难度系数相对较大，在游戏过程中，教师关注到孩子的内心战胜畏难、恐惧、放弃心理的淬砺挑战，在确保幼儿安全的前提下积极鼓励、激发幼儿克服困难、坚持到底的精神。对于个别实在体力不支、难以完成挑战游戏的幼儿，教师在空中铁索的中段准备了三角体供幼儿调整休息，这样的材料投放体现了尊重幼儿、关注个体差异。

3. 安全第一，提升经验

在游戏过程中，孩子们都主动选择不用安全绳，因为绳子系在身上有碍孩子的活动，但是没有了保护措施，孩子在一米多的空中钢索上面行走，安全问题有待考量，所以后期安全防护措施是需要进一步改进的地方。

四、淬砺生活活动

中班淬砺生活活动：捉泥鳅（健康）

设计意图：

“池塘里水满了，雨也停了，田边的稀泥里，到处是泥鳅，大哥哥好不好，带我去捉泥鳅……”听着这一首熟悉的歌曲，孩子们跟着唱起来，“老师，我见过泥鳅，我还吃过呢”，“我也见过，它身上是滑滑的”……听着他们稚嫩的声音，我随口问了一句：“那你们敢抓泥鳅吗？”“嗯，我不敢！它有点像蛇”，“太吓人了，我也不敢”……

我园淬砺课题中明确提出，“淬砺”不仅仅是对幼儿体能的磨砺，更要对幼儿人格、品行等各方面进行淬炼，同时包括心理承受能力的磨练。《幼儿园教育指导纲要（试行）》中明确指出：“幼儿园必须把保护幼儿的生命和促进幼儿的健康放在工作的首位。树立正确的健康观念，在重视幼儿身体健康的同时，要高度重视幼儿的心理健康。”鉴于孩子们对于软体动物天生的恐惧心理，教师结合课题，让孩子们通过查找资料、观察实物等方法，对泥鳅进行了初步的了解，并在园内开展了捉泥鳅的活动，旨在让孩子们在一次次的活动中充分了解泥鳅的特征，并从心理上克服对泥鳅的恐惧感。

活动目标：

1. 体验捉泥鳅的乐趣。

2. 尝试探索用各种工具捉泥鳅的方法。

3. 消除对泥鳅的恐惧心理，能大胆勇敢地参与捉泥鳅游戏。

活动准备：

1. 知识经验准备：幼儿前期初步了解过泥鳅，有捉泥鳅的经历。

2. 物质材料准备：雨鞋、小桶、矿泉水瓶、小篓子、漏网等工具若干。

3. 场地准备：幼儿园戏水池。

活动过程：

（一）观察场地，快乐游戏

1. 师幼一起随音乐入场，活动上下肢。

2. 查看地形，交代任务。

教师交代任务和注意事项：利用工具在小溪流里抓泥鳅，不要打湿了自己和同伴的衣裤。

3. 幼儿尝试运用各种不同的工具捉泥鳅，可以与同伴两两合作。

4. 交流讨论：你用了什么方法和工具捉泥鳅？

AQ 小贴士：幼儿在对泥鳅有了初步的了解后，从心理上不那么抗拒泥鳅，此时，他们根据自己的心理状况，选择合适的工具进行捕捉，教师可鼓励胆小的幼儿两两合作进行活动。

（二）徒手尝试，挑战自我

1. 与幼儿讨论，如果减少材料的运用，徒手捉泥鳅应该注意什么？

2. 幼儿尝试徒手捉泥鳅。

3. 讨论：你捉到泥鳅了吗？用什么方法捉到泥鳅的？

4. 捉泥鳅比赛：看谁在规定时间内捉到的泥鳅最多。

AQ 小贴士：在上一环节中，幼儿利用工具与泥鳅有了一定的接触，对于接下来的徒手和泥鳅“亲密接触”有一定的心理基础，虽然还是害怕，但是在教师的鼓励下，能勇敢地伸出双手，小心翼翼地捧起泥鳅。

（三）分享交流，满载而归

1. 组织幼儿与同伴交流：双手碰到泥鳅后的感受是什么？你还害怕泥鳅吗？

2. 生命教育：泥鳅也是小生命，和它们一起游戏的时候也要爱护它们。

活动反思：

泥鳅是我们身边常见的一种动物，它属于软体动物，幼儿通常对泥鳅有一种天生的恐惧，这种恐惧在一部分幼儿身上会延续至长大成人，尤其是女生。怎样引导幼儿克服对软体动物的恐惧感是本次活动的重点。

1. 克服恐惧，挑战自我

每个孩子的成长过程中都有着一个经历：恐惧、克服恐惧。第一次迈开脚步走路、第一次离开父母走进幼儿园、第一次和父母分房睡等，对于孩子来说无不充满着恐惧，而在这些恐惧面前，只要有家人积极的支持、老师们暖心的鼓励，孩子都能战胜自我，克服恐惧，从而获得良性的发展。本次活动“捉泥鳅”亦是如此，一开始对泥鳅的抗拒，害怕“它像蛇一样”，而在老师的引导下，通过了解后，发现泥鳅与蛇的本质区别。在尝试捉泥鳅时，一开始教师允许孩子们用工具或者与同伴合作，过渡到徒手抓泥鳅，让幼儿在心理上有了一个缓冲的过程。他们尝试用手去触碰时，小心翼翼又充满期待，碰一下，害怕地缩回手，再碰一下，又缩回来，如此反复几次，终于伸出双手，勇敢地捧起第一条泥鳅时，他们脸上的笑容是那么自豪。

图 2–50　捉泥鳅

图 2–51　捉到一只泥鳅

2. 生命教育，爱护动物

每一个有爱心的人，懂得生命意义的人，都会知道怎么善意关爱自己的伙伴以及身边的小动物。幼儿园开展生命教育，让幼儿通过体验的过程，学习如何爱惜生命、尊重他人、珍惜资源，进而提升生命的价值，这是幼儿健康成长的需要。在捉泥鳅的过程中，教师观察到孩子们运用了一些不恰当的方法，如泥鳅“不听话”就用脚踩等，造成了一部分泥鳅受伤，教师及时进行了制止，并在活动结束后，将捕捉到的受伤泥鳅的照片呈现在他们面前，这时孩子们沉默了，认识到了泥鳅生命的脆弱，并由此探索与认识生命的意义，尊重与珍惜生命的价值，热爱并发展每个人独特的生命。

混龄淬砺生活活动：柿子丰收节

设计意图：

“柿叶翻红霜景秋，碧天如水倚红楼。”秋天是个美丽的季节，也是个收获的季节。孩子的童年需要大自然的滋养。为了开拓幼儿的视野，让他们亲近自然、感受生活，我园在柿子成熟时，引导幼儿开展采摘活动。幼儿亲手采摘成熟的果实，主动探索爬上柿树的方式，提高手脚协调能力，既锻炼幼儿的体魄，丰富了“十个小本领”课程，又使他们萌发了热爱大自然的情感。

活动目标：

1. 乐于参与采摘活动，体验丰收的乐趣。

2. 了解柿树的基本形态及生长过程。

3. 能同伴协作，探索攀爬上树的方法。

活动准备：

1. 知识经验准备：幼儿知道秋季是果实成熟丰收的季节。

2. 物质材料准备：视频、PPT 课件、梯子、油桶、篓子、炊具。

3. 环境创设准备：幼儿园柿树种植区。

活动重点：了解柿子树的生长特性及柿子的生长过程。

活动难点：能与同伴合作，借助道具采摘果实。

活动过程：

（一）开始部分

1. 活动室内布置柿子展，幼儿品尝柿子，激发采摘柿子的愿望。

2. 教师通过图片、视频向幼儿介绍柿树的相关知识及采摘注意事项。

（二）基本部分

1. 师幼前往柿树种植区，近距离观察柿子，讨论采摘柿子的方式。

2. 幼儿热身活动，进行身体拉伸，活动手臂及下肢。

3. 幼儿自由进行上树采摘柿子。

（1）幼儿徒手爬树采摘柿子。

（2）幼儿借助可利用的道具上树采摘柿子。

AQ 小贴士：能大胆细致地爬上柿子树，不畏高，不放弃。

（3）鼓励幼儿大胆挑战，利用攀爬难度较大的扶梯采摘高处的果实，并提醒幼儿注意安全。

图 2-52　摘柿子

图 2–53　制作软饼

4. 集中品尝柿子。

（1）幼儿清洗柿子，用安全刀具切柿子，与同伴进行分享品尝新鲜果实。

（2）各年龄段幼儿合作，挑战制作柿饼。

（三）结束部分

1. 师幼讨论采摘柿子过程中遇到的困难及解决的方法，肯定幼儿团结互助的品质。

2. 将柿子分发给幼儿，让他们带回家中与父母分享。

活动延伸：

1. 开展亲子采摘活动，促进家园共育。

2. 开展绘画写生活动，感受秋季丰收的喜悦。

活动反思：

秋天是丰富多彩的季节，处处都蕴含着教育契机。果实成熟时，我园组织了柿子丰收节系列活动，孩子们在大自然的怀抱之中尽情享受丰收的快乐，增进与同伴的情感交流，贴近彼此的距离，体验采摘与分享的乐趣。

为确保采摘活动安全有序进行，活动前我园组织各班教师明确活动目标，了解此次活动的计划与内容，并依据采摘活动计划制定了详细的分工，责任到人。活动中老师们认真负责地组织幼儿们进行采摘活动，在老师的介绍下，孩子们了解到柿子的生长过程，看着自己亲手摘下的柿子，活动现场弥漫着欢呼声和收获的喜悦。

采摘活动结束后，我园展开了系列活动，不仅让孩子们亲手制作了好吃的柿饼，还邀请了爸爸妈妈们来到幼儿园进行亲子活动，让家长们切实体验了我园特色课程的理念。以幼儿为主体，让孩子们充分操作和体验，上树摘果也是必修课。

柿子采摘活动不仅让孩子们亲近了大自然，体验了劳动带来的收获与乐趣，更为幼儿创设了开放的学习空间，使孩子拓宽了眼界，增长了见识。

图 2–54　为柿树浇水培土

图 2–55　邀请爸爸妈妈来幼儿园摘柿子

五、淬砺教育家园活动

家园共育，既是幼儿园做好幼儿教育工作的重要组成部分，也是家庭与幼儿园合作开展幼儿教育的互动操作模式，更是提高幼儿教育水平、促进幼儿全面和健康发展的教育实施载体，我们需要充分认识家园共育的意义和作用，学习和优化家园共育方法和策略，真正实现家园互动、家园共育，为幼儿的发展奠定坚实的基础。总之幼儿园必须树立大教育观念，打破关起门来孤军作战的局面，与家庭建立新型的合作伙伴关系，在合作过程中发挥自己的优势，主导各方面的力量，使之支持、放大幼儿园教育的积极影响。

小班家长助教活动方案

活动主题：美味空间，美味西饼

活动时间：2018 年 4 月 26 日上午 10：30—11：00

参加人员：小二班全体幼儿、教师及助教家长

助教家长：逯景怡妈妈

活动目标：

1. 喜爱美食，积极参与制作西饼的实践活动，体验成功制作西饼的快乐。

2. 巩固搓、团、压、按的动作技能，了解制作饼干的方法。

3. 能大胆尝试制作不同形状的饼干，制作过程中遇到困难时能坚持完成。

活动准备：

1. 知识经验准备：幼儿已学习搓、团、压、按的动作技能。

2. 物质材料准备：课件《美味空间》；食物展台；每人一张“美味王国”入场券；食材（面粉、鸡蛋、黄油、白糖、和好的面团）；饼干模具若干；烤制好的饼干若干；半成品蛋糕坯；桌布；餐具；西点服若干（幼儿每人一套）；擦手巾；轻音乐。

3. 环境创设准备：活动室布置成“美味王国”场景。

活动过程：

（一）激发兴趣，游转“美味王国”

1. 师（逯景怡妈妈）：宝贝们，这是哪里呀？我们一起瞧一瞧！

2. 美味王国主人邀请幼儿品尝美味的食物。

图 2–56　家长助教

图 2–57　制作饼干

（二）制作饼干，大胆动手体验

1. 幼儿认识制作饼干的材料，尝试解说制作方法。

2. 师幼共同提炼制作方法。

3. 鼓励幼儿大胆动手制作，并用自己喜欢的模具按压成自己喜欢的形状，教师用相机现场记录。

AQ 小贴士：幼儿在制作过程中，按压、取下模具对小班幼儿有一定难度和挑战，需要双手小心细致，需要动脑筋。教师注意观察幼儿的制作方法，当幼儿遇到困难想放弃制作时，教师应鼓励幼儿认真观察、动脑想出解决问题的好办法，并注意使用材料和工具时的安全。

（三）交流分享，共同期待美味

1. 根据现场活动照片，师幼评价、交流，说说将饼干用磨具“按”出来的好办法。

2. 师幼总结：用模具按出形状后，用手轻轻将周围的面团剥开，好看的饼干就做好了！

（四）蛋糕裱花，幼儿集体欣赏

1. 教师现场为蛋糕裱花，幼儿观察、欣赏。

2. 幼儿间互相交流蛋糕裱花的过程。

（五）分享美味，体验品尝快乐

1. 自由品尝、分享自制的美味饼干和蛋糕。

2. 收拾、整理材料。

家长介绍：逯景怡妈妈对幼儿园的工作非常支持，也非常乐意参与班级家长助教活动，积极主动报名了本次助教活动。景怡妈妈平时特别喜欢制作一些西点，对于蛋糕、饼干颇有自己的制作心得，曾经上过经视直播的“好吃佬”节目，因此，我们特地邀请她来和孩子们一起制作饼干。

助教心得：

一次家长助教活动，是一次全新的育儿体验，是一次和孩子们零距离接触的机会，是一次与孩子们心灵对话的机会，是一次更加了解幼儿园理念及班级学习、游戏生活的学习机会。

非常荣幸能有这次助教机会，能将自己的爱好和孩子们分享，和老师们交流，让我在活动中受益良多。

1. 把握孩子的年龄特点，激发活动兴趣。

在整个活动创设和开展过程中，和孩子们一起在看看、听听、说说、做做中度过，孩子们的兴趣非常浓厚。在前期和老师们充分交流，及现场老师们的协调、引导下，我能较好地把握住小班幼儿的年龄特点和“最近发展区”，创设了具有一定难度和挑战性的制作环节，以此让孩子们能在动手、动脑、克服困难、坚持方面能有更好的锻炼机会和发展。

2. 尊重幼儿的劳动付出，共同体验成功。

在活动组织过程中，我尽量做到“以幼儿为本”，利用课件、实物等启发引导孩子们自主、大胆表达制作饼干的材料和方法，班级中大部分孩子们能够大胆迁移生活经验进行表达和描述，让我觉得很惊喜，惊喜于他们的表达能力和自身的自信。在制作环节中，每个小朋友都能全身心投入，独立动手制作，在最后一道工序，利用模具按压、取下时，我发现这对小班幼儿还是稍许有一定难度和挑战，他们需要认真观察，要动脑筋，并用双手小心细致地将形状从模具上剥离。这时，我发现有些孩子在尝试过后便想放弃不做了，或者是直接寻求他人帮助，于是我用语言充分鼓励幼儿自己认真观察、动脑想出解决的好办法，最终他们通过自己的认真观察都成功将饼干从模具上剥离出来，看着他们开心、兴奋的笑脸，我不禁也被深深地感染了，这就是孩童的自信和成就感！

本次助教活动圆满结束了，希望还能有再次来幼儿园助教的机会，能再次和孩子们一起快乐地游戏，将自己的所长与孩子们分享，同时，也能将孩子们简单的快乐带到成人的世界中去。记得《小王子》中说到过：我们曾经都是孩子，只是我们忘了！

大班家长助教活动方案

活动名称：篮球宝贝

助教家长：陈奕昂爸爸

活动时间：2018 年 11 月 21 日下午 3 点

活动地点：幼儿园户外操场

活动目标：

1. 对拍球活动感兴趣，乐意用单手进行拍球。

2. 初步感受到手掌拍的力量和球的关系。

3. 能手眼协调进行拍球游戏，尽量做到不掉球。

活动准备：

1. 知识经验准备：幼儿有一定的拍球基础。

2. 物质材料准备：幼儿人手一个篮球。

3. 环境创设准备：幼儿园操场。

活动过程：

1. 热身练习。

2. 徒手操：手腕和脚腕活动、膝关节运动、正压腿。

3. 助教家长边示范边讲解拍球动作。

（1）要求：用手向下拍一次球后，用双手接住球。

（2）幼儿分散练习，家长与教师观察指导。

4. 学习连贯拍球的动作要领。

（1）家长教幼儿连续拍球：用手将球拍下，当球弹起后，再接着一下一下地拍球。

（2）幼儿练习，感受手掌拍的力量与球的关系。

图 2–58 篮球助教

5. 游戏：淬砺小挑战

（1）单手沿直线拍球，边走边拍。

（2）双手交替拍球行进，绕过不同的障碍物，拍球过程中不掉球。

（3）追逐小尾巴，双手交替拍球行进走，追赶助教家长的小圈，追逐过程中不掉球，不停滞。

6. 放松游戏：拍球小力士

幼儿一起听音乐拍球，音乐停则停，中途掉球的幼儿淘汰，最后留下的幼儿为“拍球小力士”。

7. 拉伸练习，结束。

图 2-59 快乐游戏

图 2-60 拉伸练习

活动反思：

整个教学活动结束后，我发现幼儿的体能发展还是很不错的，在“淬砺小挑战”游戏中，路程有点长，个别幼儿能够坚持拍球行走是非常难得的。虽然我背对他们在行走，没有主要看着小朋友，但是他们遵守规则的意识还是非常强的，这点也是要赞扬的。在活动的几个环节中，因为我是第一次和孩子们参加篮球活动，他们非常有兴趣，所以拿到球以后就有点控不住了，我怕破坏学习氛围，要求孩子们一直看我，其实这个环节我可以请孩子们自由玩球，然后我再秀一下我的球技，可以很快地把孩子们的注意力拉回来，这个年龄段的孩子对英雄主义和个人主义还是很向往的，这点也是事后老师们告诉我的，如果有机会，我会把教学过程进行调整。另外，在活动中我的表扬性语言量和形式都少了些，忘记了和儿子一起互动的感觉了，觉得自己还是端着自己是个助教家长的身份，下次也可以有所改变。

助教家长介绍：我是大二班陈奕昂的爸爸，我在武汉体育学院做后勤管理工作，虽然没有正式带领大学生进行体育教学活动，但是我自己平时非常喜欢打球，也会经常和学生们切磋球技。

助教心得：

在今天的活动过程中，孩子们都非常积极，我也非常开心有这个机会和孩子们共同学习与进步。通过这次共同学习，我有以下几点心得：

1. 注重在幼儿活动过程中的正确引导

在活动过程中，我有点把孩子们想象得太能干了，有些游戏我没有仔细介绍，也没有邀请幼儿代表进行展示，直接通过我的语言就开始了，语言上也不是很精炼，导致幼儿听规则很听力，在游戏过程中的完成度就不是特别好。而且我可能在重复规则时没有面向大众幼儿，导致又需要多次解释玩法与规则，这是以后需要避免的。

2. 提前了解幼儿的技能水平

湖北省实验幼儿园的孩子已经上了一个学期的篮球课程，但是幼儿的篮球技能存在个体差异，组织活动前我虽然与老师交流过，但是没有真正与幼儿玩过，所以对于他们的水平并不是很清楚，在游戏过程中我提供的几个游戏对他们来说有些简单。幼儿园一直进行的淬砺教育是把篮球作为一项技能的，由此看出，幼儿对篮球技能的掌握还很厉害的，在这点上我有点小看了他们。

在进行助教活动时，班级老师充分尊重我的教学安排，只是作为一个协助者在帮助我，对于幼儿的技能掌握情况也会与我交流，让我及时调整自己的方法，在这点上，我充分感受到了老师在教学活动中的专业和辛苦，也争取后期能多参与此类活动。

第四节　淬砺教育园本课程管理

幼儿园具有得天独厚的场地优势，园内绿化面积广，绿树成荫，四季瓜果飘香，拥有三环式大型户外游戏场、体育长廊、戏水池以及可供幼儿活动的大面积草地。自然的环境利于开展淬砺教育。

“十一五”体育课题《体育活动在一日活动中整合作用的研究》获省级一等奖，研究成果丰富，2012 年南京师范大学出版社出版的《幼儿园一日体育活动整合手册》一书在全省乃至全国起到了较好的示范引领作用，至 2014 年已 5 次重印。省内外参加国培班的园长们纷纷购买此书，将此书应用到自己幼儿园的实践教学工作中，对该书做出了极高的评价。“十二五”音乐课题《在元素性节奏活动中培养幼儿创造力的实践研究》获省级一等奖、国家级三等奖，连续两次课题研究为淬砺课题研究打下坚实的基础。湖北省学前教育研究会“十三五”重点课题《淬砺环境下提升幼儿抗挫能力的实践研究》通过四年研究论证，正处于结题阶段。

（一）经费、物质管理

园本课程的开展总计经费达到 1000 万元，上级主管部门湖北幼儿高等师范专科学校已拨款 1000 万元用于环境改造。另外，每年向学校科研处拟申请 5 万元课题研究经费，以保障研究开发的顺利进行。淬砺教育经费开支范围包括如下方面：

① 购买与园本课程开发有关的图书、软件、资料；

② 学习培训、考察调研费；

③ 继续教育培训费；

④ 复印、翻印、打印等费用；

⑤专家讲座费；

⑥出版书籍或著作的出版费；

⑦设备购置费；

⑧环境创设打造费；

⑨各种会议费、宣传费等。

（二）时间管理

每一个园本课程的诞生都会经过多轮建构、完善、实践、再建构、再调整、再实践的过程。淬砺教育园本课程探索建构实施的20余年，我们科学合理地安排课程规划、课程实施、课程审议时间，做到三年一个课程计划周期，每学期一次课程审议，每月一次课程教研，确保课程实施的科学有效。保证人员的对外培训、进修和学习时间，保证课题人员的园内研讨、交流、总结、工作布置时间。

（三）人员管理

一支精干的科研队伍是顺利开展园本课程开发研究的坚实基础。我们的淬砺教育园本课程研究团队由园长、教学园长及教学经验丰富的骨干教师组成。

淬砺教育园本课程负责人夏君同志是湖北楚天技能名师，武汉市学科带头人，曾承担过“十五”“十一五”“十二五”等国家级和省级课题研究工作，连续多年被评为湖北省课题研究先进个人，并取得了丰硕的成果。带领团队系统深入地开发淬砺环境，研究淬砺教育活动，融合并提炼了有效促进当代儿童发展的淬砺教育思想。作为成果主持人，在研究与实践中发挥着引领和主导作用，主要贡献包括：

① 构建了“淬砺教育园本课程”体系；

② 研发出淬砺环境开发的3C行动模式和“三段十步”的淬砺游戏组织模式的模式，并开展有效性论证；

③ 通过专著推广、专题报告等形式对淬砺环境开发理念进行宣传和解

读，对全国学前教育健康领域的实践研究起到了带动和推动作用。

课程实施的每位教师都具有现代的教育观念、丰富的教科研经验、强烈的事业心和责任感及严谨的工作作风，为本课题的研究提供了高素质的人员保证。

湖北省实验幼儿园是湖北幼儿高等专科学校的附属幼儿园，特级教师贺绍华为本课程开发的专家顾问，幼专学校学前教育系刘舒娟、潘瑞琼以及体育系黄文等教师是园所至关重要的合作伙伴，他们为课程开发和实施提供了有力保障。

（四）人员组成分工：

课题组成员：

夏　君　闫运芳　刘　丹　陶　芳　徐金晶　孙小晶　佘　欢

黄星星　肖　玉　潘小玉　陈　静　毛晚霞　吴　娇　聂琛惠

马双双　舒文琪　刘圆圆　徐滢婷　聂惠梅（保健医生）

刘　媛（保健医生）

具体分工如下表：

表 2-1　人员组织分工

序号	姓名	工作单位	承担任务及实际贡献
1	夏君	湖北省实验幼儿园	成果主持人，在研究与实践中发挥着引领和主导作用研究，推进与整体部署
2	闫运芳	湖北省实验幼儿园	淬砺环境的安全保障、实践探索推进
3	刘丹	湖北省实验幼儿园	参与理论研究，实践探索淬砺园本课程的研究推进
4	陶芳	湖北省实验幼儿园	参与理论研究，梳理淬砺环境成果出版
5	徐金晶	湖北省实验幼儿园	参与理论研究，开展课例研究与行动研究
6	孙小晶	湖北省实验幼儿园	负责淬砺环境下具体策略的实践运用研究
7	参研教职工	湖北省实验幼儿园	参与课程开发、实践及评价，撰写案例、论文；提供课程研发，实施保障。

一、淬砺教育园本课程制度管理

为确保园本课程开发的正确方向，形成全园参与的课程开发团队，规范课程开发过程，保障课程实施的效果，特制定了《幼儿园园本课程管理制度》《幼儿园教育叙事制度》《幼儿园幼儿一日生活管理制度》《幼儿园户外体育活动管理制度》《幼儿园户外游戏场管理制度》《幼儿园班级环境创设管理制度》《幼儿园五常管理制度》《幼儿园课程培训制度》《幼儿园三真教研制度》《幼儿园课程审议制度》《幼儿园教科研制度》《幼儿园园本培训制度》《幼儿园园本研训记分制度》《幼儿园教研问题库和金点子库制度》等一系列制度，并根据制度严格管理执行。（制度附后）

二、淬砺教育园本课程安全管理

在淬砺教育活动园本课程的实施过程中，安全管理是一个非常重要的组成部分，园所和教师应从思想上高度重视。主要包括环境及器材的安全，幼儿自我保护能力的提升，教师的安全意识及安保能力等。

（一）安全管理措施

即通过制度、监察、监督、检查等管理方式，保障安全技术条件和环境达标，确保人员的行为规范，以达到安全无事故的目的。

1. 安全管理工作的开展思路

在幼儿园淬砺教育活动的开展过程中，为了进一步保障幼儿自身的安全，教师对幼儿园的活动场地应该进行科学合理的划分。通过科学划分场地，幼儿在参与相关淬砺教育活动过程中，就能避免碰撞和干扰，更好地保证自身的安全。与此同时，相应场地和区域的划分，便于幼儿根据自己的喜好进行区域选择，也便于教师为不同区域的幼儿投放不同的活动器材，更好地提升幼儿参与淬砺活动的兴趣和成就感。同时也能避免同时在某一个区域投入大量的游戏材料所引发的安全隐患。在幼儿园淬砺教育活动开展过程中，教师还可结合幼儿的年龄特点和兴趣，对相关活动内容与过程进行优化与调整，可以增加一些如模仿操、跳绳、踢毽子等难度不至于过分激烈的运动，避免引发相应的安全意外。

2. 重视淬砺教育活动的安全管理工作

幼儿天生活泼好动，对外界事物有着浓厚的兴趣，但他们年龄相对较小，身体协调性、灵敏性以及自我保护能力相对不足，极易受伤害。因此，教师应充分认识到做好安全管理工作对淬砺教育活动开展的重要意义。例如，“弯弯拱形桥”的体育活动所用的设施本身是为了对幼儿的平衡力进行训练的，其利用绳子将许多根短的圆柱形管子间隔一定距离串起来铺在地上，用作幼儿在上面行走的轨道。幼儿在“弯弯拱形桥”上行走时，由于设施中的圆形管会发生滚动，很容易影响幼儿的运动，同时对年龄较小的幼儿来说，也存在很大的难度和挑战。在类似这样的体育活动过程中，教师应给予幼儿充分的保护，减少各类运动损伤，保障幼儿的安全。对特定淬砺教育活动，应采取特定的安全管理方式，这是十分必要的。

（二）安全教育措施

安全保障，培训先行。幼儿园可通过安全演练、安全培训、案例分析等方式，通过对全园的师生进行安全培训，提升全园教职员工及幼儿的安全素质，包括意识、知识、技能、态度、观念等综合安全素质。只有安全教育培训落实到位、取得效果，安全技术措施和安全管理措施才能得到有效的实施。

1. 注重幼儿自我保护能力的培养

幼儿年龄相对较小，身体各项机能处于刚发育的状态。在这一过程中，幼儿本身平衡能力、反应能力等都不足，但幼儿对外界又有着很强的探索欲和满满的好奇心。在孩子们尝试探索外部世界的过程中，意外往往容易发生。在淬砺教育活动过程中，教师应有意识地对幼儿进行引导，让他们胆大心细地进行尝试，又能更好地对一些具体淬砺教育活动中存在的危险性行为产生警觉并进行排解。与此同时，幼儿本身思维具有较强的形象性特点，教师在对幼儿进行引导时，也可根据这一思维特点开展安全教育。如在具体安全教育过程中，教师可以选择一些与安全有关的图文资料，利用浅显易懂的方式对幼儿进行展示，让他们通过更加形象、具体的画面，来学习更多的安全知识。幼儿安全意识和自我保护意识的培养，是一个长期的过程，必须要进行不断渗透，这样才能更好地提升幼儿的安全意识，让幼儿可以主动地避开危险。

2. 强调对幼儿的全面引导

淬砺教育活动中的有效引导，是确保幼儿园淬砺教育活动安全进行的关键。在淬砺教育活动开展过程中，教师应对淬砺教育活动进行更加合理的设计，在兼顾幼儿活泼、爱玩、好动的心理的同时，让整个淬砺教育活动计划更加科学，更好地促进幼儿进行实践，保证安全管理工作的顺利开展。

（1）充分观察，强调安全

在淬砺教育活动的开展过程中，教师应重视安全管理工作的开展，并将安全作为整个淬砺教育活动规则中一个重要的内容来执行。在组织和开展淬砺教育活动之前，教师应进行充分的分析与观察，明确不同运动本身的特点，并制定安全规则，采用简单、明了、易懂的语言让幼儿理解活动时要遵守的规则。在淬砺教育活动开展过程中，只有利用规则来对幼儿行为进行约束，才可以更好地执行安全管理工作的目标，并且在规则意识的作用下，幼儿自身也能逐步形成安全意识。

（2）规范行为，及时纠正

幼儿的心理不成熟，他们对一些安全隐患不能进行明确判断和清晰认知。在淬砺教育活动的开展过程中，教师应对幼儿进行更好的规范性指导，对他们存在的一些错误行为进行纠正及全方位的监督和控制，对幼儿在参与活动过程中存在的不规范行为，进行有效的引导和纠正。这样既可以保证安全，同时也能够确保淬砺教育活动的顺利开展。例如，在“快速奔跑”活动中，部分幼儿存在低头向前快速跑的情况，这时教师就应及时对幼儿进行纠正，让他们学会对周围情况进行观察，避免出现与其他人碰撞或者撞到物体、绊倒的情况。在玩滑梯时，教师应让幼儿学会如何用双手扶住边缘两侧下滑，这样可以减少玩滑梯时出现安全事故，并且在滑到底部之后应及时离去，避免停留，以免造成后续危险，影响其他幼儿的活动，同时避免冲撞。另外，在游戏活动开展过程中，教师还应让幼儿形成运动前热身的概念和常识，避免在活动开展和参与过程中出现运动方面的损伤，使之快速地进入到运动状态，并适应之后的各项挑战性活动。

（3）控制强度，避免过量

由于神经系统发育不成熟，幼儿的兴奋与抑制不能及时转换，玩得兴起后不知道及时停下来休息。在淬砺教育活动开展过程中，教师应从幼儿的年龄特点入手，对整个活动中的运动强度进行控制，避免幼儿出现疲劳情况，影响对运动目标的落实，并造成身体方面的损伤。教师可提前了解和掌握幼儿的身体素质情况，并结合他们的特点，对淬砺教育活动进行设置。如果幼儿存在体弱多病的情况，教师应对他们的运动情况进行控制，合理安排休息时间，帮助他们更好地恢复体能、缓解疲劳。

剧烈运动之后，应引导幼儿通过按摩、拍打身体各部位，轻松地走路，随舒缓的音乐跳舞，收拾器材等方式，达到放松身体的目的，避免大量饮水、坐下来休息等“急刹车式休息方式”。

对淬砺活动中生理和心理负荷的测定，一般分为脉搏测定法和自然观察法。

附：

幼儿园课程管理制度

第一章　总则

第一条　为加强我园保教常规管理，规范教育行为，建立科学合理的教育秩序，全面实施素质教育，提高保教质量，形成独特的办园特色，特制订本制度。

第二条　以课改为导向，以园本课程建构为目标，以“学、研、做、思”相结合为基础，以服务为宗旨，体现淬砺教育，创新实践教学体系。

第三条　注重教育资源的综合利用，逐步实现幼儿园、家庭、与社区教育的一体化，共同为幼儿的发展创造良好的条件。

第四条　关注教师职业道德和专业技能的提升与培养，尊重幼儿的人格和权利，创设满足幼儿多种发展需求的教育环境，提供利于幼儿全面发展的师资保障。

第五条 坚持做到以游戏为基本活动，在尊重幼儿身心规律及学习特点的基础上，保教并重，关注个体差异，促进每个幼儿健康、快乐地发展。

第二章 课程编制

第六条 以《3—6岁儿童学习与发展指南》《幼儿园教育指导纲要（试行）》精神为指导，依据幼儿实际发展水平、经验和需要拟定课程目标。

第七条 充分考虑幼儿的学习特点和认知规律，利用园内外多种教育资源，合理选择具有趣味性、活动性、综合性的课程内容。

第八条 依据我园师幼特点和家长需求，注重对课程进行修改、整合、拓展，以适应幼儿发展的需要。设立“湖北省实验幼儿园课程发展委员会”负责规划全园总体课程计划，审查教师参考用书，负责课程与教学的评价。

本会设委员15人：园长及教学园长、教学干事共6人，教研组教师代表6人，家长及小区代表3人。

第三章 课程审议

第九条 成立由园长、教师及家长代表组成的课程审议小组，加强课程审议。

第十条 组织对幼儿园课程选择、开发过程中重大决策的审议，并检查课程方案的制订情况。

第十一条 发挥课程审议小组的指导和引领作用，对教师的教育教学活动进行跟踪指导，并及时反馈课程实施中出现的问题及教师的教学需求，联系教师之间的合作，以促进课程合力的形成。

第四章 课程准备

第十二条 各班依据幼儿的年龄特点和认知规律，完成教育活动、计划的撰写。

第十三条 注重环境对幼儿的重要作用，充分发挥环境的教育功能，创设与教育计划相符的教育环境。

第十四条 严格执行备课制度，按时完成教育教学计划的文字工作。

第十五条 调查、了解、整合利于课程实施的一切教育资源，以备课程实施之用。

第十六条 整合教育教学策略，选择课程实施的多种途径和活动方式。

第五章 课程组织与实施

第十七条 遵循幼儿教育基本规律，以国家《幼儿园教育指导纲要（试行）》和《3—6 岁儿童学习与发展指南》为指导，对幼儿实施德、智、体、美、劳诸方面全面发展的教育。坚持保教结合的原则，将增进幼儿的身心健康放在重要位置。注重五大领域的相互渗透，在实施课程时从不同的角度促进幼儿情感态度、能力、知识技能等方面的发展。

第十八条 灵活采用集体、小组和区域等形式组织开展各类学习、游戏活动，充分发挥生活活动、游戏活动、学习活动、社会实践等各种教育手段的交互作用，利用现代教育技术，激发幼儿学习的积极性、主动性和创造性，全面提升保教质量，培养良好的学习习惯和意志品质。

第十九条 保证每天不少于 2 小时的户外活动时间，依据幼儿兴趣开展内容丰富、形式多样的游戏活动，保证幼儿的身体得到充分的锻炼，并注重各种教育因素的有机渗透。通过各种适合幼儿年龄特点和运动规律的体育活动，锻炼幼儿机体，提高幼儿对环境的适应能力，增强幼儿体质。

第二十条 保教人员要尊重幼儿的人格，关注幼儿的需要、情绪和体验，重视幼儿心理保健。科学合理的安排组织幼儿一日生活，要注重为幼儿创设宽松、和谐、民主、平等、相互信任的精神环境。明确榜样作用，严于律己，潜移默化地对幼儿产生积极影响，使幼儿在集体生活中获得安全感以及愉悦和成功的体验，生动、活泼、主动地发展。在教育过程中根据需要做好观察记录、教育笔记，不断积累教育资料，总结教育经验，为调整、拓展课程提供实践依据。注重组织幼儿与环境发生交互作用，体现教育环境的教育目的性、幼儿参与性、学习阶段性、材料丰富性、安排合理性的特点。

第二十一条 深入开展幼儿园教科研工作，抓好课题的研究与实践，形成以淬砺教育为核心的办园特色。

第二十二条 应树立大教育观，主动沟通和协调幼儿园教育、家庭教育、社区教育的关系，善于利用各种教育资源。鼓励社区、家庭参与幼儿园管理和教育，形成合力，发挥教育的整体功能，促进幼儿健康成长。

第六章 评价

第二十三条 幼儿园课程评价是幼儿教育工作的重要组成部分，有助于了解教育工作的适宜性、有效性，有助于调整和改进教育工作，从而提高教育质量，更有效地促进每个幼儿的发展。

第二十四条 课程实施过程中对照《3—6岁儿童学习与发展指南》《幼儿园教育指导纲要（试行）》中的精神及指导要点，检查评估教师教育行为、态度、教师与幼儿的关系和活动方式对实施课程的影响因素。

第二十五条 教师在课程实施时注重及时记录幼儿在教育过程中的行为反应，评价幼儿发展的状况和水平，对照预订课程目标，及时调整和改进课程。

第二十六条 采取自我评价、园长评价、家长评价、幼儿评价相互结合的方式，对教师实施课程手段、效果进行评价，优化教育教学工作。

第二十七条 学期末邀请教师代表、家长代表、幼儿代表对教育教学计划的实施情况进行评价，注重教师、幼儿在日常教育活动中的实际表现。

幼儿园教学反思制度

教学反思是教师专业的核心能力，教师要以研究者眼光审视、分析和解决自己在教学实践中遇到的真实问题，研究、反省自己的教学理念、教学行为以及教学效果。为指导教师有效进行教学反思，特制定本制度。

一、教学实践前，教师要在教学设计的基础上，深入了解幼儿情况，并及时调整自己的教学设计。

二、在教学过程中，教师要随时根据活动中幼儿的思维状态和提出的问题，以及探究活动进展情况及时调整教学安排，这种调整可不受教学设计的限制，以问题解决为目的，不要追求表面上的完成教学目标。

三、教学活动结束后，教师要认真思考、研究、反省自己在教学实践中体现出来的教学理念、教学行为与新课程理念、标准是否一致，既要注重解决实际问题，又要注重概括，提升总结经验教训。不断审视自己的教学行为，及时记录下闪光点，及时做好问题分析、理性反思，提出改进措施。

四、教学实践后的反思，教师要在备课本中做出文字记载，字数多少以阐述清楚问题为准。

五、教师在每个活动结束后，要在备课本中撰写调整与反思，反思幼儿一日活动的情况，重点是结合实例阐述自己对课程理念的理解。

六、教研组每学期要围绕教学专题，通过研究课、示范课、竞赛课和说课、评课等方式，形成教师个人反思，以促进教师反思能力的提高和反思意识的加强。

七、园长、副园长、保教主任要深入课堂听课，与教师共同探讨活动中出现的问题，帮助教师对原有的教学设计进行“二度设计”，促进教师教学能力的提高。

八、教学反思作为教学检查的主要内容，也作为教师业务考评的内容，考核结果纳入量化考核，并记入个人档案。

幼儿园一日活动管理制度

幼儿园一日活动管理制度是保证儿童身心健康发展的重要因素，依据《武汉市幼儿园一日活动指南》精神，进一步加强幼儿园一日活动的管理，特制订本制度。

一、根据幼儿不同年龄及季节变化，由分管园长、保健和保教人员共同拟定幼儿一日生活安排计划，严格执行，不得随意更改。

二、保证幼儿充足的户外活动时间，每天户外活动时间不少于 2 小时，其中 1 小时的户外体育锻炼时间，1 小时的自由活动时间。

三、结合《3—6 岁儿童学习与发展指南》，养成幼儿良好的生活习惯，如小便、喝水、洗手等。各项活动过渡自然，减少不必要的排队和等待。

四、结合幼儿身心发展特点，科学设置活动内容；集体学习活动时间为小班 15—20 分 / 次、中班 25—30 分 / 次、大班 30—35 分 / 次。

五、幼儿进餐时间不少于 30 分钟，不得提前或延迟开餐时间；培养幼儿良好的进餐习惯。

六、严格执行幼儿园的幼儿午睡要求，幼儿每日午睡时间不少于2小时。

七、园领导随时督查各班幼儿一日活动常规，结果在教师月考核中呈现。

幼儿园户外体育活动管理制度

为加强幼儿园教育管理的科学化、规范化和制度化，进一步规范教师的教育行为，全面提高教育质量，依据教育部颁布的《幼儿园教育指导纲要（试行）》《3—6岁儿童学习与发展指南》的精神，结合我园教育实际，制定幼儿园户外体育活动管理制度。

一、幼儿园教育管理的理念：以教育发展为本，管理就是服务，崇尚校园文化，打造团队精神。

二、幼儿园教育要把保护幼儿生命安全，促进幼儿身心健康发展放在一切工作的首位。

三、幼儿园教育活动的组织与实施是教师创造性开展工作的过程，教师要以饱满的热情和高度的责任感投入到教育活动实践中。

四、幼儿园的体育活动是教师以多种形式有目的、有计划地引导幼儿生动、活泼、主动活动的教育过程，它包括生活活动、游戏活动、户外活动和学习活动等。

五、体育活动是幼儿园教育的基本活动。要保证幼儿每天有适应的自选活动和自由游戏时间。要创设游戏环境，投放种类丰富、数量充足的活动材料，支持和满足幼儿的体育活动的需要。根据不同年龄阶段幼儿的特点、兴趣和需要，将非体育游戏活动游戏化，使幼儿获得愉悦性、自主性、成功感等游戏性体验。

六、户外活动是幼儿园教育的基本活动之一。为满足幼儿生长发育和运动的需要，必须保证每天2小时的户外活动，其中1小时为体育活动。

七、幼儿园户外体育活动要建立良好的常规，逐步引导幼儿学习自我管理，在活动实施过程中，要遵循目标性原则、发生性原则、活动性原则、整体性原则及因材施教原则。即要保证计划的相对稳定性，又要善于根据幼儿的反映作出适时适宜的调整。要处理好预设活动与活动之间的关系，善于发现幼儿喜欢的、感兴趣的事物和偶发事件中隐含的教育价值，满足幼儿探究的欲望，尊重幼儿的自主活动。

八、使用户外体育活动器械时，要遵循正确的运动技能和方法，遵守活动规则，不得做任何危险动作。

九、幼儿园要重视对教师教育行为的评价和户外体育活动后的反馈。收集、整理、积累活动资料，建立课程评价体系，为保证户外体育活动的有序开展，要做到有记录、有评析、有反馈、有改进成效。

1. 幼儿自选器材游戏，教师定点定位，观察和指导孩子，给有需要的孩子以帮助。

2. 保健医生在户外活动时间到操场上观察孩子，测量运动心率，确保运动量恰当。

3. 在孩子活动前，老师要检查衣物、场地安全。

4. 活动前保安挂上滑索盘，开山洞门，活动后锁山洞门。

幼儿园户外游戏场管理规定

户外游戏场是彰显幼儿园办园特色的重要场所，为了促进幼儿发展，各部门应通力合作，严格遵守《湖北省实验幼儿园户外游戏场地管理制度》。

一、幼儿园保安依据当季开关门时间准时开关三个游戏门（幽闭空间大小门）。夏令时开门时间为 9：25，关门时间 10：20；冬令时开门为 9：55，关门时间 10：50， 雨雪天气不开门。

二、保安开门时打开所有安全绳，挂上滑索盘；关门时，扣上安全绳，检查器材，收好滑索盘。

三、保安开门后检查器材安全，注意传声筒的纱网是否破损及幽闭空间的安全卫生；并于每天 16：00 巡查器材收拾情况，及时上报后勤园长。

四、其他时间段使用器材，由各班教师于保安处登记并自取钥匙，自行开关，关门时检查器材，收好滑索盘，整理好安全绳。

五、班级教师教育幼儿爱护场地，爱惜器材，严格按照游戏场地的安全提示开展活动。

六、穿平底鞋或运动鞋进入户外游戏场，禁止穿高跟鞋入内。

七、每次户外活动时必须有 2 名及以上保教人员共同观察指导，幼儿不得离开教师视线。

八、组织滑索游戏时必须有 2 名工作人员上下同时进行指导，在地面铺两排厚软垫，确保幼儿安全。上午医务人员必须于 9：30（夏令时）或 10：00（冬令时）到滑索树屋现场，上午游戏时间段由负责滑索树屋的教师及医务人员共同负责；下午游戏时间段由班级两名保教人员负责安全准备和游戏指导。

九、组织幽闭空间活动前，保安（上午）或教师（其他时间）将挡板门提起并放置在洞口轮胎处，待户外活动时间结束，确认洞内无幼儿再将挡板门还原锁好。

十、门房负责户外场地卫生，按照保健室清洁标准执行，每周一下午检查场地及器材卫生。

十一、门房每两周进行幽闭空间草坪消毒工作一次；雨雪天气放晴后将活动草坪曝晒，同时清理山洞内的积水。

十二、沙池的玩沙工具每周五由负责区域的保育员清理消毒，周一上午 7：30 有序投放。

十三、班长每周自查体育器材，清点器材数量，保证器材处于可用状态，发现数量缺失及场地器材存在安全隐患，应及时上报主管领导。

十四、保管员每月现场核查器材数量及使用状况，认真记录，发现安全隐患及时整改。

十五、班长利用家长会、QQ 群等渠道教育家长按照场地及器材的使用要求规范合理地使用场地及器材。

幼儿发展报告制度

一、教师要重视本班幼儿发展情况。在制订教育目标与各项教育工作计划之前，须充分了解幼儿的发展情况。

二、教师须在充分了解与分析的基础上，撰写本班幼儿发展情况报告。

幼儿发展情况报告是对幼儿群体的分析评价；关于幼儿的个案观察记录，可根据报告内容的需要附在报告后面。

三、幼儿发展的项目、内容、格式，要根据本园教育目标的内容拟定，如有特殊要求，请于学期初布置教育工作计划时告知。

四、报告中必须体现以下内容：

1. 学期初本级幼儿发展水平。

2. 写报告时幼儿的发展水平。

3. 分析变化的原因。

4. 提出下阶段的改进措施。

五、学期结束时应向教学园长递交幼儿发展情况报告。

六、发展情况报告由教学园长审核后归档，由档案员保管。接班教师在制订本班教育目标与工作计划时，可向档案室借阅参考。

幼儿园班级环境创设管理制度

为了能进一步为幼儿提供健康、丰富的生活和活动环境，满足他们多方面发展的需要，使他们在快乐的童年生活中获得有益于身心发展的经验。也为了能使环境能保持良久，现制定班级环境创设管理制度。

一、班级环境创设应遵循环境与教育目标一致的原则、适宜性原则、安全性原则、幼儿参与性原则和创造性原则。

二、教师应为孩子创设安全、卫生、温馨的环境，提供的玩具和材料适合幼儿的年龄特点，易于幼儿操作。

三、各班的环境创设尽可能利旧利废，以成品原材料和半成品为主，低结构材料和高结构材料相结合。

四、班级内风格统一，色彩明亮，避免颜色杂乱无章。

五、大中小班根据幼儿的年龄特点和兴趣创设相应的区域，数量均不少 7 个。

六、班级环境创设中，充分体现孩子的自主性，以幼儿的作品为主，成人的作品为辅。

七、各区角中在规定区域呈现区角规则并展示幼儿作品，避免在墙裙以上的位置进行粘贴，避免使用双面胶。

八、主题墙根据主题的推进进行，每月更换一次，在电视背景墙的软木板上呈现上月的主题精华部分，以留下主题的痕迹。

九、班级美术作品栏及时更新，保证每月至少更换两次，作品要求体现孩子的自主性、创新性。

十、家园联系栏的风格与室内环境统一，根据班级情况进行板块选择，充分体现家园互动原则。

幼儿园五常管理制度

为进一步加强园所规范管理，实行定岗、定员、定位，优化工作环境，提高工作效率，提升员工素养，形成良性循环的工作机制，特制定本制度。

一、教职员工学习实践细则

1. 幼儿园管理人员组织五常管理法理论培训，让全园教职员工充分认识到五常管理法的意义及重要性。

2. 对全园教职员工进行五常管理基本知识考核，确保五常管理在全园能顺利推行、逐步实施。

3. 教学、后勤、行政各部门推选一个五常样板间，严格按照五常管理要求进行打造。

4. 全园各部门定期组织教职员工到五常样板间现场观摩，看细节、找差距，争取将五常管理在本班组更好地运用。

二、行政领导具体工作细则

1. 成立五常管理小组：园长为组长；教学园长和后勤园长为副组长。建立五常管理体系。

2. 通过园务会讨论，进行岗位职责拟定。

3. 园长确定岗位，由分管园长负责布置工作任务。

4. 各部门行政领导对分管工作进行日常巡视、检查、指导，并做记录。

5. 根据检查情况进行评估，月底、期末评分，并根据月考核评估情况打分。

6. 分管领导将考核情况上报园务会及园长，讨论通过后，发放奖励性绩效工资。

三、具体实施方法

1. 全园教职员工做到：工作常整理，天天常整顿，环境常清洁，事物常规范，人人常自律。

2. 全园教职员工必须做到清除零乱根源，腾出“空间”，创造一个清晰的工作场所，确保所有物品“一”才最好。

3. 让所有物品有“名”有“家”，定位、定量，明确标签，视觉管理，使幼儿能30秒取物。坚持三易、三定的原则：易取、易放、易管理；定位、定量、定容。

4. 划分责任区，从天到地，从里到外，从上到下，从师到幼，每位教职员工需明确清洁要领，因地制宜，找对方法，并认真履行个人范围内的清洁责任。

5. 每位教职员工用五常标准规范自己语言、行为，主动营造良好的工作氛围。持之以恒地使用五常法，形成良好的五常意识。

幼儿园课程培训制度

一、成立以园长为组长，教学园长为副组长，保教主任为骨干力量的课程培训引领团队。各成员的主要职责如下：

1. 园长为主要负责人，把握课程培训方向，负责课程培训的组织管理、经费保障和评价。

2. 教学园长为具体负责人，根据课程改革新要求、教师培训需求、幼儿发展需要等，开发培训课程，组织培训项目的实施，并担任活动的培训员、专业引领人。

3. 保教主任是课程培训活动的组织者、培训员，负责培训的实施及档案资料的收集与整理。

二、每两周开展一次课程培训活动，每次培训时间不少于2小时。

三、每次培训有方案、有记录、有反思、有小结，活动轨迹清晰，效果显著。

四、每次培训后，参加培训的教师及时撰写学习笔记或学习体会，并交至保教办公室，由保教主任收集整理及归档。

五、课程培训采用学分制，参加一次记一分，发言一次记一分，学期末统计总分，并纳入教师绩效考核成绩。

六、坚持“走出去”和“请进来”的方针，每学期邀请专家或同行来园进行课程讲座或交流。每学期分批分层让教师外出学习，了解最新课程理念。

七、课程培训形式包括专题讲座、经验分享、学习交流、案例分析、课程研讨等。

八、园部为课程培训提供书籍资料、教师外出学习、外请专家、教师奖励等经济保障。

幼儿园“课程审议”制度

一、课程研究小组明确“三审三议”流程，即一审活动平台，议挑战性；二审活动设计，议科学性；三审活动内容，议实效性；确保课程研发与建设的质量。

二、课程“领导小组”带领课程“先导小组”和“实施小组”，共同做好“三审三议”的课程审议活动。

三、课程研究小组定期对园本课程进行系统性的“三审三议”，对于不适宜的课程内容进行修改和调整，对于新设计的课程内容进行审议、实施，最终确定是否纳入园本课程体系。

四、在“三审三议”的过程中，课程研究小组应以先进的课程理念和教育观进行课程审议活动，应用“发展性”的眼光进行审议，根据幼儿在课程中的真正需求生成学习、游戏活动。

五、“三审三议”课程审议活动应做到前瞻性、预设性、科学性、实效性，保证审议的高质量进行。

六、设立“问题库机制”，教师把在课程实施过程中遇到的问题、困惑放进问题库中，每周课程“先导小组”汇总问题与困惑，以现场教研的方式共商解决策略。

七、每次审议过程中，小组成员应大胆发言，提出自己的建议，并做好翔实的记录，整理成“三审三议”课程审议册，并及时归档保存。

幼儿园“三真”教研制度

教研组秉承“聚焦真问题、开展真研究、追求真收获”的教研理念，扎实开展课程研究活动。

一、成立教研组，根据本园课程实际需求制定教研计划；各教研组有计划、有目的地开展课程教研活动。

二、间周开展一次教研活动，每次活动时间不少于 2 小时。

三、每次教研活动有方案、有记录、有反思、有提升，实效性强。

四、围绕课程实施中的问题，通过行为研究、案例研究、课例研讨等方式进行专题式研讨活动，及时解决问题及困惑。

五、教研活动中，每位教师应积极表达自己的见解，鼓励创新，努力形成自主探讨、团结协作的教研氛围。

六、教研组每学期有一次以上的组间交流分享活动。教研组长将本组有价值的活动资料及研讨资料汇总上交园部，并做好教研总结。

七、积极参加各级教育行政部门组织的各种教研活动，开阔视野、取长补短。

幼儿园教职工专业培训制度

为了更快地提高广大保教人员的整体素质，加快幼儿园改革的步伐，适应市场经济体制下迅速发展的幼教事业，结合本园实际，特制定本制度。

一、定期开展教研活动：研究有关教育理论、方针政策，探讨教材教法，集体备课，交流经验，互通信息。

二、定期举行观摩活动：每学期举行至少 4 次对全园教师或家长公开观摩活动，鼓励教师积极承担外来参观人员观摩活动；不定期地进行专题性教育观摩活动，不断提高业务水平。

三、定期进行专题讲座和业务学习：每学期邀请 1—2 位国内、省内有关专家、学者来园作专题性讲座；每周固定时间进行业务学习。教师与保育员分别学习，分别考核。

四、积极开展以老带新活动：每学年选拔一批有丰富实践经验的老教师、老班主任，带动新教师、新保育员，通过搭配组班、言传身教，尽快提高年轻教师的教养水平。

五、积极鼓励广大保教人员在职进修：为了提高自身业务素质、文化修养，提倡在不影响工作的同时，进行学前本科及专科学历进修。

六、园领导、首席教师领衔培训：每学期开学预备周中园长、教学园长、保教主任、园名师、首席教师会针对不同层级的教师开展不同内容的、有针对性的教师培训工作，有效提升教师专业素养，增强梯队建设。

七、园内有计划地安排和选送教师、保育人员外出学习进修，以不断提高她们的教育水平和教育技能。

八、引导教师、保育人员积极参加教育科研活动。鼓励教师承担专项研究课题，多写文章，多出成果，并不断探讨教育规律，提高教养质量，增强科研意识，在科研中提高自己的业务水平。

九、积极开展竞赛评比活动。每学期（或半学年）进行多次教育计划、教育笔记、活动教案、科研成果等公开展评活动。以促进互相交流学习、取长补短，从而树立榜样，增强竞争意识。

十、提倡保教人员注重积累资料和总结。要求每学期末教师、保育人员要进行班级、个人总结，资料积存总结，以便在总结中提高自己的整体素质。

幼儿园教科研制度

一、成立教研组，根据本园实际情况制定教科研课题并拟定教科研计划；各教研组有计划、有目的地开展教研活动。

二、严格遵守教科研活动时间，每周一次，教师应准时参加教研组的活动，不无故缺席。

三、每学期组织教学观摩和教学研究活动。在活动中，做好原始记录。活动后，组织讨论、评议，并作为教师业务考核内容存档。教师应积极表达自己的见解，鼓励创新，努力形成自主探讨、团结和谐的教研氛围。

四、定期进行业务学习，经常开展学术研究讲座，定期组织教师、保育员进行业务学习和培训。丰富教研组活动形式。围绕课程的实施和教师的专业成长，每学期提出一至两个具有研究价值的问题，定期组织问题会诊。

五、教研组每学期至少开展一次以上的交流分享活动。教研组长将本组有价值的活动资料及研讨资料汇总上交园部，并做好教研总结。

六、积极参加各级教育领导部门组织的各种教研活动。做到计划、内容、组织、实施、评价一体化。

七、对省及市级、国家级刊物上发表文章或参加市以上交流的经验论文、实验报告等，给予奖励。

八、每年组织保教人员到其他幼儿园参观学习，开阔视野，取长补短。

幼儿园园本培训制度

第一章　总则

第一条　园本培训制度是园本培训工作开展的前提。为确保教师参加培训活动的机会，规范教师参加培训活动的行为，促进教师专业化发展，提高幼儿园园本培训的有效性，特制定本制度。

第二章　园本培训机构

第二条　成立以园长为组长，教学园长为副组长，保教主任、干事、教研组长、骨干教师为中坚力量的园本培训引领团队。

第三条　小组各成员的主要职责：

1. 园长是主要负责人，把握园本培训方向，负责园本培训的组织管理、经费保障和评价。

2. 教学园长是具体负责人。根据课程改革新要求、教师园本培训需求、幼儿发展需要以及本学年园务计划制定园本培训计划，开发培训课程，组织培训项目的实施，并担任活动的培训员、专业引领人。

3. 保教主任、干事、教研组长、保健医生是园本培训活动的组织者、培训员，负责培训的实施、资料的收集整理。班长是骨干力量，全体保教人员是培训者和受训者。

第三章　组织与实施

第四条　教学园长每学期根据课程改革新要求、教师园本培训需求和幼儿发展需要，制定年度园本培训计划。其中每学期组织园级培训两次，教研组培训三次，一对一培训随时进行。

第五条　根据本园内教职工岗位、年限、工作能力的不同进行分层培训。

1. 青年教师培训重点：把理论知识与实践结合起来，具有制定计划、实施计划的能力，具有一定的教学能力、指导各类游戏的能力，逐步形成一定的教育特色。

2. 中年教师培训重点：通过不断学习更新教育理念，克服职业倦怠，以饱满的情绪投入工作，形成自己的教育特色。

3. 骨干教师培训重点：形成一定的保教特色，具有独立承担区级以上公开教学的能力，具有指导其他教师教学工作的能力，由骨干教师转型为研究型教师。

4. 保育员培训重点：对保育员开展幼儿护理、幼儿卫生保健、配教等方面的培训。

5. 后勤勤人员培训重点：对后勤人员开展各自岗位技能的培训。

6. 新手教师培训重点：用一周时间进行岗前培训。

第六条　每次培训有培训计划、培训记录，写明培训时间、培训对象、培训内容、培训反思。

第七条　每次培训后，及时收集整理培训资料，并于七个工作日内汇总交至档案室，参加培训的教师及时将学习笔记及学习体会收至教师个人成长档案。

第八条 开展师徒结对活动，提倡互帮、互学。有经验的教职工对青年教师进行传、帮、带。有计划地对全体教师进行全方位的培训。

第九条 重视教职工进行自我培训、自我提高，鼓励教职工利用业余时间进修或学习，形成某一方面的突出特长。

第十条 整个培训课程采用学分制，参加一次记一次，发言一次记一次，学期末统计结果。

第十一条 每学期分批分层让教师外出学习，领略最新教育理念。

第十二条 幼儿园的各种管理制度、保教人员专业技能、家长工作、师德等均是幼儿园园本培训的内容。培训形式包括座谈、沙龙活动、案例观摩与分析、现场演练等。

第十三条 坚持业务学习制度，有计划地安排业务学习内容，使全体教职工不断获得新信息，了解幼教发展动态。

第四章 保障与评价

第十四条 园部为园本培训的顺利开展提供书籍资料、教师外出学习、外请专家、教师奖励等经济保障。

第十五条 每次园本培训的时间不少于 2 小时。

第十六条 为保证培训的有效性，培训后开展多种活动展现培训效果：学期教学考核、叙事文章评比、师德演讲、家长测评、幼儿测评等。

第十七条 学期末根据统计结果，分级奖励。评选优秀教研组和园级培训先进个人（学员和培训员两类），给予奖励。

幼儿园园本研训积分制度

为确保幼儿园园本研训的顺利开展，调动广大教职员工参与园本研训活动的积极性与主动性，提升园本研训的效果，进一步提高园所教育教学质量，特制定《湖北省实验幼儿园园本研训积分制度》，制度内容如下：

一、《湖北省实验幼儿园园本研训积分制度》以全园一线教职员工为主要对象。

二、参与园本研训的教师人手一份《湖北省实验幼儿园园本研训积分评价表》，按此表内各项要求为准则，完全达到得满分，否则不得分。

三、《湖北省实验幼儿园园本研训积分评价表》分为园本教研和园本培训两大类，共计100分，参与积分评价的教师按每次所参与的活动类型进行评分，不得妄自评分。

四、《湖北省实验幼儿园园本研训积分评价表》中的特设有“加分”项目，教师根据自己的实际参与情况进行加分，不得随意加分。

五、《湖北省实验幼儿园园本研训积分评价表》的评分人分别由教学园长、保教干事、教研组长三方组成，各评分人应根据每位教师每次参与园本研训情况如实客观进行评分，不得舞弊。

六、教师应积极参加每一次教研与各类培训活动，不迟到、早退、缺席。

七、参与教研与各类培训活动时，不做与活动无关的事情，不讲闲话，不扰乱活动纪律。

八、认真做好教研与培训活动的笔记，有交流。每次活动结束后，按时、保质、保量完成相关作业。

九、在每次教研与各类培训活动结束后，应认真填写《积分评价表》，客观评价自己在活动中的表现，并主动将《积分评价表》交给评分人进行审阅、评分。

表 2-2 积分评价表

内容		项目		分值	月份								评分人
					三月		四月		五月		六月		
					①	②	①	②	①	②	①	②	
100分	园本教研50分	出勤	能参加每一次教研活动，无迟到、早退、缺席。	5									业务园长
		态度	遵守纪律，不做与教研活动无关的事情，如睡觉、讲闲话、备课、做玩教具等其他。	5									
			教研前准备充足、资料齐全。	5									
			能与同伴积极互动，大胆发言，表达自己的意见和想法，主动分享工作经验。										
内容		项目		分值	月份								评分人
					三月		四月		五月		六月		
					①	②	①	②	①	②	①	②	

续表

100分	园本教研50分	质量	每次活动有记录，且书写工整，内容翔实，记录完整。	5								教研组长
			按时、保质、保量完成各项作业，如：教案、案例、叙事故事、论文等。	1								
			作业无抄袭，格式规范，内容紧扣主题，能真实反映研究的轨迹和效果。	1								
	园本培训50分	出勤	能服从安排，积极参加园内外各项学习培训，无迟到、早退、缺席现象。	5								业务园长
		态度	学习培训过程中积极投入，认真做好学习笔记。	1								
			按时、保质、保量完成相关作业。	1								
		质量	能将培训内容运用于实际工作中，效果显著。	1								保教干事
			外出学习者能通过专题分享、榜样示范等方式将培训学习内容带回园内。	1								
加分20分			主动积极承担教研活动课例，课前准备充分，教学效果好。每次加3分。									业务园长
			担任教研活动主持人。每次加3分。									
			担任教研活动中心发言人。每次加2分。									
			担任教研活动专业引领人。每次加4分。									教研组长
			教研活动后有文字积累（课例、叙事、教研活动案例、论文等）一次加8分。									
			总分									

教师姓名________________　　　　时间________________

幼儿园园本教研问题库和金点子库制度

一、建立幼儿园问题库和金点子库制度，将有代表性的共性问题和有价值的个性问题收纳进问题库，将有实际指导意义，能解决问题的建议纳入金点子库。

二、保教人员均需加强问题意识，在工作中要善于观察并敏锐地发现问题。

三、通过形式多样的园本培训，创设开放平等的教研氛围，让保教人员明确：我们的目标不仅仅是能提出问题，更要找到解决问题的方法。

四、每学期初开展一次全园问题征集金点子支招活动，由教学副园长负责；每月开展一次年级组问题征集金点子支招活动，由保教干事负责。

五、根据“问题清单”来客观分析每位教师的困惑和需求，使他们获得业务指导。

六、每个主题活动结束之后，年级组长要组织平行班讨论，进行课程审定，提出原有主题推进过程中的问题并找到解决问题的方法和途径。

七、教师建立个人问题库和金点子库，将自己提出的问题和同伴给出的建议进行收集整理，将之放入个人成长档案之中。

八、教师将自己提出的问题和问题解决的轨迹进行记录和分析，要求真实清晰。

九、重视问题跟进和金点子使用效果，鼓励广大教职工不断创新方法，将之与常规工作巧妙结合，追求实效。

十、对于提出有实际指导意义，能解决问题的金点子的教职工给予积分奖励。

第五节　淬砺教育园本课程评价

一、幼儿发展评价

幼儿发展评价是对淬砺教育园本课程实施过程以及效果的全面审核，它对参与淬砺教育计划的幼儿在教育前后，体现在体能、身体素质、情感态度、行为等方面的变化加以比较，也对受教育幼儿群体与未接受淬砺教育的幼儿群体进行对照。由于幼儿发展评价是一个系统工程，评价的内容较多，我们仅择其部分内容进行举例说明。

在淬砺园本课程实施中，教师们精心组织开展以健康教育为核心的旺体、美材、习德活动，尤其重视在淬砺活动开展中对幼儿实施前测、后测、对比测查，进行个案观察和追踪记录，家长问卷调查也是常用的一种有效评价方式。在学期末等关键节点对幼儿发展情况进行过程性评价、发展性评价。了解通过淬砺教育活动的实施，幼儿是否养成了良好的行为习惯，是否养成了坚持、勇敢、果断、独立、自制等良好的意志品质，是否能乐观、开朗、大方、自信地展现自己。

“夜宿幼儿园”活动中幼儿入睡情况统计

本次“夜宿幼儿园”活动共发放调查表 40 张，回收 40 张，回收率 100%。具体情况统计如下：

表 2–3　幼儿夜间独自睡觉情况统计表（前测）

	能分房睡（人）	能分床睡（人）	偶尔分床睡（人）	没有（人）
人数	10	13	5	12
占比	25%	33%	12%	30%

表 2–4　参与“夜宿幼儿园”活动后幼儿独自入睡情况统计表（后测）

	能分房睡（人）	能分床睡（人）	偶尔分床睡（人）	没有（人）
人数	18	10	6	6
占比	45%	25%	15%	15%

从前测、后测统计表可以看出，在活动前只有 10 名幼儿可以独立入睡，在参加“夜宿幼儿园”活动后，有 18 名幼儿能分房睡觉，孩子们的独立性有较大的提升。

表 2–5　湖北省实验幼儿园幼儿意志品质测查前测报告

<table>
<tr><td rowspan="2">项目介绍</td><td>品质表现</td><td colspan="15">意志品质是幼儿心理水平发展的重要内容，对幼儿的心理抗挫能力起着尤为重要的作用。</td></tr>
<tr><td>品质的重要性</td><td colspan="15">意志品质中的坚强、勇敢、耐力、独立、自信等方面的内容是淬砺教育中尤为重要的心理品质。
良好的意志品质能够提高幼儿的心理耐受力和心理抗挫力。</td></tr>
<tr><td rowspan="4">数据分析</td><td>测试对象</td><td colspan="3">坚强</td><td colspan="3">勇敢</td><td colspan="3">耐力</td><td colspan="3">独立</td><td colspan="3">自信</td></tr>
<tr><td rowspan="3">小、中、大班各20名</td><td>好</td><td>中</td><td>一般</td><td>好</td><td>中</td><td>一般</td><td>好</td><td>中</td><td>一般</td><td>好</td><td>中</td><td>一般</td><td>好</td><td>中</td><td>一般</td></tr>
<tr><td>12</td><td>59</td><td>49</td><td>17</td><td>57</td><td>46</td><td>14</td><td>58</td><td>48</td><td>17</td><td>61</td><td>42</td><td>24</td><td>64</td><td>32</td></tr>
<tr><td>10%</td><td>49%</td><td>41%</td><td>14%</td><td>48%</td><td>38%</td><td>12%</td><td>48%</td><td>40%</td><td>14%</td><td>51%</td><td>35%</td><td>20%</td><td>53%</td><td>27%</td></tr>
<tr><td>结论评析</td><td colspan="16">综合分析：
依据整体数据表明，全园实测 120 名幼儿，其中坚强方面：好的有 12 人；中的有 59 人；一般的有 49 人。勇敢方面：好的有 17 人；中的有 57 人；一般的有 46 人。耐力方面：好的有 14 人；中的有 58 人；一般的有 48 人。独立方面：好的有 17 人；中的有 61 人；一般的有 42 人。自信方面：好的有 24 人；中的有 64 人；一般的有 32 人。从五个方面的整体比例来看，好的比例区间达到 10%—20%；中的比例区间达到 48%—53%；一般的比例区间达到 20%—40 %。
综上所述，幼儿意志品质前测总体呈现一般趋势。幼儿五大方面一般和中等水平占较大比例，好的水平整体较为薄弱，意志品质方面的挫折耐受力和排解力研究对幼儿的抗挫能力发展很有必要。</td></tr>
</table>

表 2–6　对比园幼儿意志品质测查前测报告

<table>
<tr><td rowspan="2">项目介绍</td><td>品质表现</td><td colspan="15">意志品质是幼儿心理水平发展的重要内容，对幼儿的心理抗挫能力起着尤为重要的作用。</td></tr>
<tr><td>品质的重要性</td><td colspan="15">意志品质中的坚强、勇敢、耐力、独立、自信等方面的内容是淬砺教育中尤为重要的心理品质。
良好的意志品质能够提高幼儿的心理耐受力和心理抗挫力。</td></tr>
<tr><td rowspan="4">数据分析</td><td>测试对象</td><td colspan="3">坚强</td><td colspan="3">勇敢</td><td colspan="3">耐力</td><td colspan="3">独立</td><td colspan="3">自信</td></tr>
<tr><td rowspan="3">小、中、大班各 20 名幼儿(共 120 名)</td><td>好</td><td>中</td><td>一般</td><td>好</td><td>中</td><td>一般</td><td>好</td><td>中</td><td>一般</td><td>好</td><td>中</td><td>一般</td><td>好</td><td>中</td><td>一般</td></tr>
<tr><td>12</td><td>59</td><td>49</td><td>17</td><td>57</td><td>46</td><td>14</td><td>58</td><td>48</td><td>17</td><td>61</td><td>42</td><td>24</td><td>64</td><td>32</td></tr>
<tr><td>10%</td><td>49%</td><td>41%</td><td>15%</td><td>47%</td><td>38%</td><td>11%</td><td>48%</td><td>41%</td><td>15%</td><td>50%</td><td>35%</td><td>20%</td><td>53%</td><td>27%</td></tr>
</table>

续表

<table>
<tr><td>结论评析</td><td>综合分析：
依据整体数据表明，全园实测 120 名幼儿，其中坚强方面：好的有 12 人；中的有 59 人；一般的有 49 人。勇敢方面：好的有 17 人；中的有 57 人；一般的有 46 人。耐力方面：好的有 14 人；中的有 58 人；一般的有 48 人。独立方面：好的有 17 人；中的有 61 人；一般的有 42 人。自信方面：好的有 24 人；中的有 64 人；一般的有 32 人。从五个方面的整体比例来看，好的比例区间达到 10%—20%；中的比例区间达到 47%—53%；一般的比例区间达到 27%—41%。
综上所述，幼儿意志品质前测总体效果不是很好。特别在自信心方面有待进一步提升，需要通过一系列的活动提升幼儿的意志品质。</td></tr>
</table>

表 2-7　湖北省实验幼儿园幼儿意志品质测查后测报告

<table>
<tr><td rowspan="2">项目介绍</td><td>品质表现</td><td colspan="15">意志品质是幼儿心理水平发展的重要内容，对幼儿的心理抗挫能力起着尤为重要的作用。</td></tr>
<tr><td>品质的重要性</td><td colspan="15">意志品质中的坚强、勇敢、耐力、独立、自信等方面的内容是淬砺教育中尤为重要的心理品质。
良好的意志品质能够提高幼儿的心理耐受力和心理抗挫力。</td></tr>
<tr><td rowspan="4">数据分析</td><td>测试对象</td><td colspan="3">坚强</td><td colspan="3">勇敢</td><td colspan="3">耐力</td><td colspan="3">独立</td><td colspan="3">自信</td></tr>
<tr><td rowspan="3">小、中、大班各 20 名幼儿（与前测相同）</td><td>好</td><td>中</td><td>一般</td><td>好</td><td>中</td><td>一般</td><td>好</td><td>中</td><td>一般</td><td>好</td><td>中</td><td>一般</td><td>好</td><td>中</td><td>一般</td></tr>
<tr><td>40</td><td>60</td><td>20</td><td>50</td><td>55</td><td>15</td><td>38</td><td>52</td><td>30</td><td>45</td><td>60</td><td>15</td><td>60</td><td>38</td><td>7</td></tr>
<tr><td>33%</td><td>50%</td><td>17%</td><td>42%</td><td>46%</td><td>12%</td><td>32%</td><td>43%</td><td>25%</td><td>38%</td><td>49%</td><td>13%</td><td>50%</td><td>32%</td><td>18%</td></tr>
<tr><td>结论评析</td><td colspan="16">综合分析：
依据整体数据表明，全园实测 120 名幼儿，其中坚强方面：好的有 40 人；中的有 60 人；一般的有 20 人。勇敢方面：好的有 50 人；中的有 55 人；一般的有 15 人。耐力方面：好的有 38 人；中的有 52 人；一般的有 30 人。独立方面：好的有 45 人；中的有 60 人；一般的有 15 人。自信方面：好的有 85 人；中的有 28 人；一般的有 7 人。从五个方面的整体比例来看，好的比例区间达到 33%—50%；中的比例区间达到 32%—50%；一般的比例区间达到 12%—18 %。
对比前测与后侧两次的数据显示，经过一年半的淬砺教育实践，幼儿在坚强、勇敢、耐力、独立、自信五大方面，好的比例由前测时的 10%—20% 提升至 33%—50%；中的比例区间由前测的 48%—53% 保持在 32%—50%；一般的比例区间由前测的 20%—40 % 降低至 12%—18 %。从前、后测对比中可以看出幼儿的发展有了显著的提高和进步，一般比例显著降低，好的比例大幅度提升，说明本园的淬砺教育能显著提升幼儿的意志品质及挫折耐受力和排解力。</td></tr>
</table>

表 2–8　对比园幼儿意志品质测查后测报告

<table>
<tr><td rowspan="2">项目介绍</td><td>品质表现</td><td colspan="15">意志品质是幼儿心理水平发展的重要内容，对幼儿的心理抗挫能力起着尤为重要的作用。</td></tr>
<tr><td>品质的重要性</td><td colspan="15">意志品质中的坚强、勇敢、耐力、独立、自信等方面内容是淬砺教育中尤为重要的心理品质。
良好的意志品质能够提高幼儿心理耐受力和心理抗挫力。</td></tr>
<tr><td rowspan="4">数据分析</td><td>测试对象</td><td colspan="3">坚强</td><td colspan="3">勇敢</td><td colspan="3">耐力</td><td colspan="3">独立</td><td colspan="3">自信</td></tr>
<tr><td rowspan="3">小、中、大班各 20 名幼儿（与前测相同）</td><td>好</td><td>中</td><td>一般</td><td>好</td><td>中</td><td>一般</td><td>好</td><td>中</td><td>一般</td><td>好</td><td>中</td><td>一般</td><td>好</td><td>中</td><td>一般</td></tr>
<tr><td>50</td><td>55</td><td>15</td><td>40</td><td>60</td><td>20</td><td>30</td><td>42</td><td>48</td><td>28</td><td>47</td><td>45</td><td>45</td><td>45</td><td>30</td></tr>
<tr><td>42%</td><td>46%</td><td>12%</td><td>33%</td><td>50%</td><td>17%</td><td>24%</td><td>36%</td><td>40%</td><td>23%</td><td>39%</td><td>38%</td><td>38%</td><td>38%</td><td>24%</td></tr>
<tr><td>结论评析</td><td colspan="16">综合分析：
依据整体数据表明，全园实测 120 名幼儿，其中坚强方面：好的有 50 人；中的有 55 人；一般的有 15 人。勇敢方面：好的有 40 人；中的有 60 人；一般的有 20 人。耐力方面：好的有 30 人；中的有 42 人；一般的有 48 人。独立方面：好的有 28 人；中的有 47 人；一般的有 45 人。自信方面：好的有 45 人；中的有 45 人；一般的有 30 人。从五个方面的整体比例来看，好的比例区间达到 23%—42%；中的比例区间达到 36%—50%；一般的比例区间达到 12%—40%。
对比前测与后侧两次的数据显示，经过一年半的领域教学活动的实施，幼儿在坚强、勇敢、耐力、独立、自信五大方面有提升，但是因为没有系统的环境打造，只在心理环境和园所现有硬件环境方面提升幼儿的抗挫能力，这是远远不够的。说明淬砺环境对幼儿抗挫能力的发展起到了相当大的作用，本园的淬砺教育环境和各类活动能显著提升幼儿的意志品质及挫折耐受力和排解力。</td></tr>
</table>

二、教师发展评价

教师发展评价包括：淬砺课程实施对教师发展的意义；衡量教师是否明确幼儿所需要获得的知识、能力和学习品质；教师是否能挖掘幼儿的无限潜能；教师是否能为幼儿发展提供有效支持等内容。

淬砺课程对教师发展具有重要意义。一是形成了科学的淬砺教育思想。教师在近几年的淬砺教育实施过程中，重视理论学习，敢于探索，勇于实践，能提出一些新观点、新见解。二是提高了教育教学水平。教师在参与课程研究的活动中，通过学习相关理论，探索新知识，提炼新策略，优化教学过程，注意过程中的调查研究，掌握相关教育规律，提高教育教学水平。三是养成学习、思考的良好习惯。教师通过学习、总结、研究的实践过程，能自觉地把淬砺教育活动纳入研究的轨道，有助于形成勤于学习、不断思考、努力探索、善于研究的良好习惯。四是有利于向研究型、专家型教师迈进。教师在参与淬砺教育研究的过程中，不仅达到自我学习、自我提高、自我教育的目的，还能提高职业道德，找到自己的优势与不足。通过教育科研，提高运用教育理论分析研究问题的能力，转变教育观念，科学进行教育教学实践，由经验型教师逐步转型成研究型教师，实现自身职业生涯的跨越式发展。

表 2-9　教师发展评价表（1）

科学的淬砺教育思想	
淬砺教育实施中教师的教育教学水平	
学习、思考的良好习惯	
研究型、专家型教师发展情况	

表 2-10　教师发展评价表（2）

<table>
<tr><td rowspan="2">创设环境的能力</td><td>设计力</td><td>挑战性、适宜性、丰富性、教育性</td></tr>
<tr><td>创造力</td><td>新颖性、独特性、变化性</td></tr>
<tr><td rowspan="2">观察幼儿的能力</td><td>观察态度</td><td>欣赏的态度、宽容的态度、耐心的态度</td></tr>
<tr><td>观察眼光</td><td>反应敏捷、判断准确、全面细致</td></tr>
<tr><td rowspan="3">活动指导能力</td><td>诱导性</td><td>语言机智、行为暗示、目标潜行、以身示范</td></tr>
<tr><td>合作性</td><td>平等融洽、参与游戏、善于沟通</td></tr>
<tr><td>表现性</td><td>介入时机适宜、材料支持得当、语言富于感染、善于因材施教、随机应变</td></tr>
<tr><td rowspan="2">评价分析能力</td><td>思考力</td><td>善于发现问题、理解幼儿行为的意义、自我行为反思</td></tr>
<tr><td>研究性</td><td>汇总分析观察资料、了解个体与整体发展、建议和调整教育活动</td></tr>
</table>

三、课程实施评价

结合幼儿发展和园所发展需求，调动多种评价主体，采用多种方式对淬砺教育园本课程的方案、实施过程以及实施效果进行相应评价。

表 2-11　幼儿园课程方案评价表（45 分）

评价对象	评价内容	评价摘要	得分
幼儿园课程方案目标	目标的结构性、适合性		
	各级目标间的连续性		
	目标与课程理念的相关性		
幼儿园课程方案内容	内容与课程方案目标的一致性		
	内容的适宜性、平衡度		
	教学材料的丰富性		
幼儿园课程方案反馈	反馈方案的有与无		
	反馈主体的多元化		
	反馈策略的科学性		
总分			

表 2-12　幼儿园课程实施评价表（40 分）

评价对象	评价内容	评价摘要	得分
生活活动	过程实施情况		
	幼儿发展情况		
学习活动	过程实施情况		
	幼儿发展情况		
游戏活动	过程实施情况		
	幼儿发展情况		
户外体育活动	过程实施情况		
	幼儿发展情况		
总分			

表 2-13　幼儿园课程实施效果评价表（15 分）

评价对象	评价内容	评价摘要	得分
幼儿	幼儿在哪些方面获得发展		
教师	教师在哪些方面获得成长		
家长	家长在哪些方面获益		
总分			

在课程的实施过程中，教师应根据幼儿年龄特点、班级幼儿的经验基础，选择、生成适合他们所需的课程内容，制定课程实施计划，创设与课程相适应的淬砺教育环境，有效组织一日活动，其中，在课程实施中进行过程性评价、终结性评价是必不可少的一环。根据评价结果，教师不断调整自身的教育行为，调整班级工作计划，以此促进课程的有效实施，促进师幼共同发展。

（一）生活活动评价

幼儿园一日活动皆课程，生活活动是幼儿园课程实施的一项重要内容，它能为全面评价幼儿的发展提供依据。我们通过班组间、年级组间的互学互查活动，从班级一日活动常规综合地考察班级保教秩序、课程实施效果。同时，通过互学、互查后的评价、反思、分析，进一步提升青年教师实施课程的能力及常规保教工作的质量。

（二）学习活动评价

学习活动评价的对象是教师和幼儿。我园通过采取预约听课、随机抽查、年级组互查、AQ 小提示等方式，对活动中教师、幼儿的表现，活动过程的挑战性及其效果进行综合评价。对活动的评价不仅能促进幼儿园课程改革的深入推进，更重要的是通过不断反思与重建，进一步促进幼儿、教师以及所有其他课程参与者的成长。

表 2–14　湖北省实验幼儿园学习活动评价标准

<table>
<tr><th colspan="2">评价内容</th><th>评价标准</th><th>分值</th><th>备注</th></tr>
<tr><td rowspan="6">活动方案（30 分）</td><td rowspan="2">活动设计</td><td>1. 遵循幼儿年龄特点和认知规律，以《3—6 岁儿童学习与发展指南》和《幼儿园教育指导纲要（试行）》为依托，科学分析案例素材中蕴含的教育价值，结合五大领域的核心经验，合理设计活动方案，思路清晰，文本规范，叙述简洁明了。</td><td>5</td><td></td></tr>
<tr><td>2. 设计意图能深入分析案例，剖析教学内容，阐明设计思路。</td><td>5</td><td></td></tr>
<tr><td rowspan="2">活动目标</td><td>1. 活动目标兼顾情感态度、知识经验和能力三个维度。</td><td>3</td><td></td></tr>
<tr><td>2. 活动目标明确，能体现本活动的重难点，有针对性和操作性，同时凸显活动领域的特点和核心价值。</td><td>5</td><td></td></tr>
<tr><td rowspan="2">活动内容</td><td>1. 贴近幼儿生活，符合幼儿能力水平，有一定的挑战性，能促进幼儿原有经验的提升。</td><td>8</td><td></td></tr>
<tr><td>2. 能激发幼儿学习的积极性，促进幼儿良好学习品质的形成。</td><td>4</td><td></td></tr>
<tr><td rowspan="2">活动过程（50 分）</td><td rowspan="2">活动准备</td><td>1. 创设与学习活动相适应的环境，为幼儿提供多样化的学习机会和条件。</td><td>5</td><td></td></tr>
<tr><td>2. 活动材料数量充足、操作性强，能促进幼儿的感知体验或引发幼儿的探索与思考。</td><td>5</td><td></td></tr>
</table>

续表

评价内容		评价标准	分值	备注
活动过程（50分）	组织实施	1. 活动过程组织有序、层次清晰、环节和时间安排合理，即面向全体幼儿，也能关注到个体差异。	10	
		2. 活动实施能以游戏贯穿，注重动静交替，灵活运用个别、小组、集体等多种形式，体现由浅入深、循序渐进的原则。	10	
		3. 教师组织教学的思路清晰，逻辑性强，教育机制灵活，能根据幼儿的回应进行有效的引导，注重师生、生生间的有效互动。	10	
		4. 教师教态亲切、自然，语言简练、生动，富有感染力，易于幼儿理解，具有较好的个人素养。	5	
	教学手段	教学方法和手段灵活，有助于幼儿的感知体验，有助于激发幼儿的主动学习。	5	
活动效果（20分）	教学效果	1. 幼儿态度积极，思维活跃，认真专注，敢于操作尝试，乐于想象与创造。	10	
		2. 能按时完成教学任务，目标达成度高。	10	

（三）游戏活动评价

通过观察记录、实录分析、个案追踪等方式，了解幼儿游戏的兴趣和水平，及时发现游戏中存在的问题，给予指导，进行反馈，有效调整。游戏活动评价包括挑战性游戏环境的创设与材料提供，游戏中教师与幼儿的互动、观察与指导等，促使教师进一步反思自己的教育观，提高游戏指导能力，加强对幼儿游戏行为的观察和研究，从而提升教师的专业素养。

表 2-15　湖北省实验幼儿园幼儿游戏观察记录分析表

时间：________年____月____日—____月____日　　班级：________

序号	内容 幼儿姓名	观察时间	游戏类型	材料选择与使用	操作状况 独自：○ 合作：*	教师介入 平行介入：= 交叉介入：¢ 垂直介入：# 无介入：○	专注度 专心：○ 游离：* 打扰人：
1							
2							
3							
4							
5							
6							

续表

序号	内容 幼儿姓名	观察时间	游戏类型	材料选择与使用	操作状况 独自：○ 合作：*	教师介入 平行介入：= 交叉介入：¢ 垂直介入：# 无介入：○	专注度 专心：○ 游离：* 打扰人：
7							
8							
9							
10							
11							
分析与反思							

表 2-16 区域游戏观察记录表

<table>
<tr><td colspan="2">观察时间：</td><td colspan="2">观察者：</td><td>观察班级：</td></tr>
<tr><td colspan="2">观察方式：</td><td colspan="2">观察对象：</td><td>观察区域：</td></tr>
<tr><td colspan="2">热门区角</td><td></td><td>冷门区角</td><td></td></tr>
<tr><td colspan="5">关注内容</td></tr>
<tr><td>选项</td><td colspan="3">观摩线索提示</td><td>行为实录</td></tr>
<tr><td></td><td colspan="3">幼儿在区域游戏中热衷于什么？激发幼儿兴趣的因素是什么？</td><td rowspan="7"></td></tr>
<tr><td></td><td colspan="3">幼儿如何使用材料（低结构材料）？</td></tr>
<tr><td></td><td colspan="3">教师提供的空间是否足够让幼儿活动？</td></tr>
<tr><td></td><td colspan="3">幼儿如何解决游戏过程中出现的问题？</td></tr>
<tr><td></td><td colspan="3">幼儿之间是如何互动的？是否有利于幼儿自身经验的发展或能力的提高？</td></tr>
<tr><td></td><td colspan="3">幼儿在游戏过程中出现的新经验是否有再利用的价值？</td></tr>
<tr><td></td><td colspan="3">听一听幼儿对自己游戏的看法</td></tr>
<tr><td colspan="5">分析与措施</td></tr>
<tr><td colspan="5"></td></tr>
</table>

填表说明：1. 观察线索的提示仅供教师观察时参考。

2. 行为实录填写可灵活多样，如关键词、符号、数字、图表等。

在以幼儿园园长、教师、家长、幼儿以及教育行政管理人员和其他社会人士为评价主体的各类评价中，通过以上各种形式课程评价的实施，我园已有的淬砺教育园本课程被不断检验和完善，同时也继续开发和衍生出一些新的课程组织形式。课程评价使淬砺课程的适宜性、有效性、系统性不断提升，在促进幼儿发展和园所进步方面起着十分重要的作用。

第三章
淬砺教育园本课程资源的开发

第一节　淬砺教育环境资源开发

一、淬砺教育环境创设理念

（一）淬砺教育环境创设的定义

什么是幼儿园环境？广义的幼儿园环境是指幼儿园教育赖以进行的一切条件的总和。狭义的幼儿园环境是指在幼儿园中，对幼儿身心发展产生影响的物质与精神要素的总和。

幼儿园环境按其性质可分为物质环境和精神环境两大类。

广义的物质环境是指对幼儿园教育产生影响的一切天然环境和人工环境中物质要素的总和。狭义的物质环境是指幼儿园内对幼儿发展有影响作用的各种物质要素的总和。

广义的精神环境泛指对幼儿园教育产生影响的整个社会精神因素的总和。狭义的精神环境指幼儿园内对幼儿发展产生影响的一切精神因素的总和。

著名的教育家陈鹤琴先生说过："孩子们每天都要和幼儿园的环境有所联系，而这些联系往往会给他们的成长带来很大的影响，这就是幼儿园环境创设的实质含义。"

实施淬砺教育园本课程，需要打造与课程相适应的环境。淬砺教育环境的内涵与外延很广，主要指两大类。一类是指室外大物理环境，即具有一定挑战性的幼儿园运动场地、运动设施和器材等运动环境；一类是软环境，即创设的具有挑战性的活动情境。

淬砺环境创设的价值，不只是美化生活，还可以丰富教育的内涵，激发幼儿的潜能。从持久性的角度来看，新鲜且具有挑战性的事物会增加幼儿的兴趣。

（二）淬砺教育环境创设的三维理念

百年来，我园秉承"保身体之健旺、养天赋之美材、习善良之言行"的办园理念，一直以确保幼儿的身体健康为己任，注重幼儿的全面和谐发展，将课程理念、园所文化巧妙融入园所整体环境创设之中，通过打造挑战性的淬沥环境，开展"真、野、趣"的淬砺体育活动来锻炼孩子的体能，磨练意志，健康身心。

1. 符合幼儿发展规律——满足需要

环境作为支持幼儿发展的重要教育资源，应遵循幼儿年龄特点，顺应幼儿发展需求。幼儿虽已经发展到具体形象思维，但是认识事物的主要方式依旧延续直觉行动思维，他们对有声的、能动的环境和材料感兴趣，要提供幼儿感兴趣的环境，引导幼儿通过实际操作直接感知、了解周围的事物，获得发展。

2. 符合幼儿动作发展特点——适度挑战

学龄前的幼儿，动作发展迅速，由于骨骼肌肉的发展和大脑调控能力的发育还不够完善，幼儿会特别好动。这就决定幼儿在与环境互动的时候需要摸一摸、停一停、碰一碰、玩一玩。作为环境的规划者，在设计之初，一定要考虑到用材耐用结实，便于消毒；玩法多样，多功能，可操作，经得起幼儿反复触摸。

3. 符合幼儿心理追求——自主创设

美国心理学家马斯洛的需要层次理论告诉我们，当个人自我实现的需要得到满足时，个体便会享受到成就感，自信心大增；反之，则对周围漠不关心。在环境创设中，教育者一定要顾及幼儿的主体性，只有当幼儿自主、自愿、自由地参与环境创设，让自己的愿望得以实现，才会积极主动地与环境互动，关注环境的变化，珍惜环境，这也符合《幼儿园教育指导纲要（试行）》中“幼儿是环境的主人”的理念。因此，要充分调动幼儿、家长参与环境创设的主动性。

在设计总体环境时，教师要对本学期或者本学年幼儿的发展目标做到心中有数，注重让每个幼儿达到基本目标任务。可以将教育目标、要求张贴在家园联系栏上，以便家长能够了解幼儿在园发展的基本要求。同时，结合家长的需求和建议，共同制定出具有可行性的培养目标和个性发展目标，体现“淬砺”教育的理念，彰显幼儿的独特个性。对照不同年龄阶段幼儿的理解能力，采用适当的表现方式，使幼儿在与环境的不断相互作用下，同化或者顺应已有的知识经验，发挥环境育人细无声的隐性作用。

为了形成“三环户外游戏场”和“三层室内游戏环境”格局，我园专门设计了体育小屋，为自主收纳体育器材提供了条件。又如，体能大循环路线由幼儿自主拼摆，户外游戏场地由幼儿自己设计，并提出改造建议等。让幼儿在与环境的互动过程中形成良好的品格，在无意识中获得许多宝贵的知识和经验，为幼儿提供适宜均衡发展的“全人化”学习生活环境，真正让幼儿成为环境的主人。

（三）淬砺教育环境创设对幼儿发展的重要性

幼儿园是学龄前儿童生活、游戏和学习的重要场所，重视幼儿园环境的创设，让幼儿园的教育目标、幼儿园的课程价值通过环境的创设来体现，让幼儿在与环境的互动中自主发展，“挖掘”其中蕴含着的教育信息和课程的价值取向，折射出园所育人的理性与智慧。

1. 淬砺环境创设可开发幼儿智力

马克思说：“人创造了环境，同样环境也创造了人。”墙面、活动区等是幼儿园环境的重要组成部分，它们以直观形象的方式和材料记录下已经和正在实施的课程，使课程不断延伸。引导幼儿在活动中不断发现问题，进而解决问题，使旧问题的解决产生出新问题，因此不断地创设和完善环境的过程也就是不断地拓展、延伸课程。如幼儿和教师一起制作“小水滴旅行图”，他们画的小水滴形象可人，他们被主题内容深深吸引，不但潜移默化地受到了教育，知道了水的三态变化，而且通过相互交流，也很大程度地获得了认知上的发展和语言能力、动手能力的提高。孩子们想象着水滴成云的情景，并相互抱在一起，形象地模拟着水滴成云的现象，还提出了更多的关于这方面的问题。他们在环境和材料的相互作用中学习、探究，学习兴趣和求知欲望被激发起来。

2. 淬砺环境创设可激发幼儿的探索兴趣

提供大量的废旧物品，供幼儿操作，可激发幼儿学习的愿望和动手操作的欲望。如在科学探索区配置多种多样的、适合幼儿发展的材料和工具，这些材料和工具能激起幼儿的好奇心，使他们轻松、愉快地主动参与到有趣的科学探索活动中去。

3. 淬砺环境创设可培养幼儿的小主人精神

以往幼儿园的环境一般都是由成人为幼儿提供，幼儿处于被动地位，无法参与到环境布置中去，结果影响了幼儿的思维和创造的发挥。所以，现今幼儿园注重为幼儿提供获取新知识经验、锻炼双手技能的绝好机会，又可使幼儿对自己想象设计和亲自动手布置的环境产生一种亲切感和满足感，产生近体效应，真正实现“我的环境我做主”。

二、淬砺教育物质环境开发

（一）幼儿园户外淬砺环境的开发

《幼儿园教育指导纲要（试行）》指出：“环境是重要的教育资源，

应通过创设，并有效利用环境，促进幼儿的发展。”每个幼儿都是不同的，都是独一无二的，他们有着迥异的性格、不同的能力、各式各样的兴趣等。创设幼儿园淬砺环境时，教师要时刻关注每个幼儿的情况，在教育的同时调查每个幼儿的内心认识水平，逐渐地给予相关材料辅助，然后依据调查结果调整教育内容，跟进幼儿的发展状况，多方位地给予材料支持，尽量符合大多数幼儿的需求。

1. 户外淬砺环境的创设原则

户外淬砺环境的创设有一定的原则可遵循。具体来说，有以下原则。

（1）教育性与发展性原则

幼儿园户外环境是幼儿园课程的一部分，在创设幼儿园户外环境时，要考虑它的教育性，应使户外环境创设的目标与幼儿园教育目标相一致。

在创设户外环境时，要考虑幼儿的体、智、德、美全面发展，创设的环境要站在幼儿的角度，有助于幼儿现在和将来的发展，促使幼儿全面均衡发展。此外，教师在提高幼儿对环境认知的同时，要提高幼儿对环境的适应能力、对社会的思考能力。同时，幼儿园也应根据时期的不同，有针对性地制定阶段目标。

（2）适应性与安全性原则

幼儿园教师应满足幼儿对世界的好奇、对未知事物的求知欲，在活动区内，投放大量的适宜幼儿游戏活动和探索实践的材料，并确保安全。不能为了挑战而挑战，而忽视了活动环境的适宜程度。

① 活动前要检查场地

因场地不平，可能会造成脚踝扭伤、跌倒或骨折；因游戏空间不足，易发生活动中的相互碰撞（如跳跃或爬行动作）；因场地的障碍物，易发生撞击。

② 游戏材料的正确运用

摆放要合理、平稳，以免给孩子带来伤害；使用要得当，尽量发挥出器械的功能，以免使用不当带来危险。

③ 正确的引导方式

排队拥挤易出事故；基本动作要求不对，易带来体力负荷，引发小事故；“放出去不能收回来”，易出危险；老师不参与，幼儿易离开老师的视线。

④ 要随时观察幼儿的基本状况

穿皮鞋的幼儿尽量少进行跳跃类活动；活动中运动密度过大会带来身体疲劳，造成幼儿情绪不佳。

⑤ 安排适当的内容

高难度动作或游戏不宜在户外活动中进行；等待时间过长或人数过多，会转移幼儿的注意力或兴趣。

⑥ 做好热身运动

晨间锻炼活动中特别需要做好热身运动，在冬季户外活动和有一定挑战性的游戏前进行热身运动也很有必要。

⑦ 教师要掌握一般小事故的处理方法

一般性的碰撞，及时用冰袋处理；对于擦伤，要及时送医务部门，由医生进行消毒处理；有伤口、骨折或脱臼的，要及时送医院进行处理；对于突然摔倒在地、未能及时爬起来的幼儿，要特别关注。

（3）开放性与游戏性原则

所谓开放性，是指幼儿园不能脱离自然环境对幼儿进行封闭管理，不仅要积极创造条件让幼儿在园内游戏和运动，也要考虑带孩子走到园外大自然、大社会。大自然会对幼儿带来深远的影响。游戏性是指在学习游戏化观念的指导下，创设游戏化的户外淬砺环境，还原游戏的六大特征：自主性、虚构性、快乐性、生活性、体验性、逻辑性。正如维果斯基所说，游戏就像一个放大镜，能使儿童潜在的新能力在真实情境中（特别是在学校课堂之类的正式情境中）表现出来。

六一儿童节之前，我园带领家长和全园小朋友，驱车50公里，来到江夏锦绣山庄，开展了一次别开生面、令人终生难忘的“淬砺等你来”亲子活动。山庄有高空铁索桥、河面飞索桥、丛林探险等淬砺环境，我园根据现有的环境，因地制宜地设计丛林探险、高跷接力、板鞋竞技、黑箱摸物、飞夺泸定桥等淬砺闯关游戏，培养幼儿坚持、勇敢、不怕困难等意志品质，提升了幼儿的自信，使幼儿身心全方面得到发展。

（4）童趣性与科学性原则

开发幼儿园淬砺环境，应当适合幼儿的年龄、身材、活动能力的特点，并让幼儿容易接近，乐于接受，并从中感受到挑战成功的快乐。

其次，要对空间进行科学的区分，一是表现性活动区，表现性活动区可以允许幼儿充分发挥想象力与创造力，在环境创设中，可以在户外开设角色区、表演区，提供多种多样的道具服装。在户外建构区，有更大的空间，允许幼儿进行建构，因此可以投放数量更多、体积更大的玩具，使幼儿获得与室内不同的体验。二是探索性活动区和固定运动器械区，为幼儿提供多功能的复合型设施，满足幼儿钻、爬、攀等多项活动的需求。

（二）户外淬砺环境的创设策略

1. 合理规划，满足自主挑战游戏的需求

户外自主挑战游戏即幼儿在户外的淬砺游戏环境中，根据自己的兴趣和需要，以快乐和满足为目的，自由选择、自主开展、自发交流的积极主动的活动过程，这一过程也是幼儿兴趣需要得到满足，天性自由表现，充分发挥积极性、主动性、创造性和建构人格的过程。

因此，园所要充分了解幼儿身心发展特点、已有经验和兴趣需要，因地制宜，优化各类资源，合理规划淬砺游戏区域，满足幼儿发展需要。可以用“有”“优”“特”三个字来概括。

一是“有”，以“湖北省省级示范园评定标准”为参考依据，建构户外自主游戏区域。

如“省标”关于活动设施的有关规定是：

（1）有适合不同年龄幼儿活动的户外活动器械，种类齐全，有益于发展幼儿各种技能。

（2）有适量的幼儿玩水玩沙设施、种植区（角）、攀爬设施。

（3）有数量充足、能有效为保教活动服务的各类教具、学具（含自制品）。

（4）幼儿园活动室和多功能室的设施能满足保教需要，活动室设备和信息技术装备达到省定标准。

二是“优”，即充分发挥每个区域和场地的功能，丰富户外自主游戏活动内容。

三是“特”，结合实际办园条件或理念，以某一项内容作为特色，充分挖掘其内容，如民间传统游戏特色、体能大循环特色、野趣特色等各种类型。

2. 合理设置，全面科学地规划游戏场地

首先，需要思考准备开设哪些活动区，应设在哪个具体位置，需多大空间，对周围环境有怎样的要求，等等。如可以根据幼儿体育活动的动作技能要求和活动材料的性质，将户外场地分为 6 个区域：投掷区、钻爬区、平衡区、小车区、球类区、一物多玩区。在投掷区，幼儿可以利用飞盘、飞镖等游戏材料练习掷远和掷准；在钻爬区，幼儿可以练习不同的钻爬动作；在平衡区，幼儿可以通过独木桥、跷跷板、梅花桩等进行平衡练习；在小车区，幼儿可以利用滑板车、小自行车等进行接力比赛，提高动作协调性；在球类区，幼儿可以练习滚球、拍球等多种技能；在一物多玩区，幼儿可以自主选择、组合多种材料，创造新的玩法。

在规划活动场地时，我们既要考虑各区域活动的性质和要求，又要充分考虑安全因素。我们将投掷区设置在场地边缘，并留出较大的区域空间，以此控制投掷方向，保持安全距离。钻爬区和平衡区对运动空间的要求都不高，且两种活动有较大的关联，因此可将这两个区域设于相邻的位置。小车区与球类区运动量大，且都需要较大的运动空间，宜分隔一段距离，以避免相互干扰。一物多玩区需有较大的弹性化空间，以满足幼儿各种自创游戏的需要。滑索树屋挑战性较强，适宜建在软沙坑上面。总之，合理的区域设置是保障各区域活动有序进行的前提。

3. 分层投放，高低结构材料错落有致

（1）材料的投放应具有层次性，以满足不同能力幼儿的需求。

如在投掷区的投篮活动中，篮筐有高低、大小之分，呈现出不同的难易层次。在平衡区“搭桥过河”游戏中，为幼儿提供大小、高低、宽窄不同的搭桥材料，让幼儿根据自己的喜好与能力水平自主选择材料搭“桥”。这样，能力弱的幼儿有了体验成功的机会，增强了自信；而能力强的幼儿获得了挑战自我的机会，维持了对活动的兴趣，每个人都能在原来的基础上获得发展。

（2）要根据幼儿的兴趣和需要随时变换和调整材料。

可以引导幼儿用同样的材料创造新的游戏，也可以引导幼儿将原先的多种材料搭配组合后变成新的活动材料，还可以添加一些辅助材料，甚至用新的材料替换原来的材料。投放材料时，还应考虑季节的变换。在春夏两季，宜提供运动量较小的活动材料，如拉力器、沙袋等；在秋冬两季，我们可提供运动量大的活动材料，如蹦蹦球、呼啦圈等。

（3）每个区域均有文字或形象标识，教师引导幼儿根据标识选择区域。

由于户外活动区同时有好几个班的幼儿在一起活动，各班教师会选择其中一个区域指导幼儿开展活动，这样，每个区域至少有一名教师。教师会根据活动内容的要求和材料的数量限定参加该区域活动的人数。当人数达到限额时，教师就在区域标识旁插上一面红旗，提示幼儿“人数已满，请另选区域参加活动”，引导幼儿自动调整。

还可以以固定的乐曲为信号确保活动有序进行。当播放充满动感、节奏鲜明的乐曲时，幼儿就知道要随着音乐进行热身运动了。当幼儿在游戏时，应播放幼儿熟悉的、欢快的歌曲作为背景音乐，营造轻松愉快的运动氛围。在活动时段中点，一首轻快、跳跃的乐曲提示幼儿可以重新选择活动区域（若不想换区，仍可在原区域中活动），并要求幼儿在这段音乐结束前换好区域。节奏紧凑的音乐提示幼儿快速收拾活动器材，并迅速到规定的场地集合。

表 3-1 湖北省实验幼儿园淬砺器材资源包

<table>
<tr><th>分类</th><th>淬砺器材名称及侧重点</th><th>目 标</th><th>意志品质</th></tr>
<tr><td colspan="4">动作技能：爬</td></tr>
<tr><td>攀爬</td><td>1. 软梯（上肢）
2. 飞行铁索（上下肢协调）
3. 淬砺墙（上下肢协调）
4. 滚轴树屋
5. 三角攀爬架
6. 竹梯
7. 双梯
8. 单梯</td><td rowspan="3">1. 能以手脚并用的方式，安全地爬攀登架。
2. 联系爬、支撑、拉、攀的动作，训练大肌肉群和肌肉组（手部和脚部肌肉）关节。
3. 提高空间定位能力、平衡能力，增强体质。
4. 上下肢动作协调。</td><td rowspan="3">1. 提升心理耐受力、合作能力，勇于向上攀登，不怕困难。
2. 坚强、勇敢、主动、乐观，合作竞争意识强。
3. 有责任感，认真完成任务，对同伴及集体的事情认真负责。
4. 能自我约束，遵守游戏规则，自己控制自己行为。</td></tr>
<tr><td>匍匐爬</td><td>1. 游嬉山：软垫
2. 滑溜布</td></tr>
<tr><td>钻爬</td><td>1. 拱形钻爬筒
2. 游嬉山：幽闭空间</td></tr>
<tr><td colspan="4">动作技能：悬垂</td></tr>
<tr><td>悬垂</td><td>1. 沙袋悬垂区</td><td>1. 具有一定的力量和耐力。
2. 能双手抓杠悬空吊起。</td><td>1. 在行动中能坚持自己的决定，百折不挠地克服重重困难，并能完成自己的任务。
2. 能够不怕困难和失败，坚韧不屈地完成任务。</td></tr>
<tr><td colspan="4">动作技能：跳</td></tr>
<tr><td>跨跳</td><td>1. 小鞍马</td><td>1. 能助跑跨跳过一定距离，或助跑跨跳过一定高度的物体。</td><td>1. 促进平衡技能的发展，积极参与集体游戏。</td></tr>
<tr><td>连续跳</td><td>1. 跳绳
2. 竹竿
3. 跳房子
4. 布袋
5. 双人跳袋</td><td>1. 能连续跳动，发展幼儿动作的协调性和灵活性。</td><td>1. 培养幼儿克服困难、勇敢、果断的意志品质，表现出良好的交往与合作能力。</td></tr>
<tr><td>跳深</td><td>1. 水谷教具（积木盒）</td><td>1. 从高处屈膝往下跳。</td><td>1. 不怕困难、勇于挑战的运动精神，感受友爱互助，习得了坚持勇敢，不怕困难的意志品质。</td></tr>
</table>

续表

分类	淬砺器材名称及侧重点	目 标	意志品质
单脚跳	1. 荷叶数字垫	1. 能单脚连续向前跳8米左右。	1. 能自主选择器材与同伴合作进行游戏。
立定跳	1. 体能棒 2. 体能条	1. 掌握两脚同时起跳和轻巧落地的跳跃方法。	1. 增强幼儿的弹跳力以及灵敏度，协调身体素质的发展。
纵跳	1. 平衡木	1. 能原地蹬地起跳连续纵跳触物，能双脚熟练地改变方向跳。	1. 接受任务挑战，大胆地进行体验和练习纵跳动作。
动作技能：投掷			
投掷	1. 滑索树屋 + 海洋球	1. 从肩上投掷一定距离。 2. 能半侧面单手将海洋球等物投进框内。	1. 活动时，能与同伴合作，遇到困难能一起克服，体验挑战带来的快乐。
投篮	1. 篮球 + 篮球架	1. 学习运球的正确方法。 2. 运球时能根据运球方向准确地接触球的部位。	1. 理解规则的意义，能与同伴协商制定游戏和活动规则，感受团结合作的团队情感。
肩上挥臂投掷	1. 游嬉山 + 粘球衣	1. 掌握肩上挥臂投掷的基本方法。 2. 锻炼上肢手臂力量，增强目测力和动作的准确性。	1. 主动承担任务，遇到困难不轻易放弃，增强不怕困难的自信心。
侧身投掷	1. 投掷飞盘	1. 学习侧身转的动作，锻炼腰部和手臂力量。 2. 能练习自然地向远处挥臂投物。	1. 敢于探索并尝试有一定难度的活动和任务，在挑战中学习正确的投掷方法。
肩上快速投掷	1. 沙包	1. 练习肩上挥臂快速投掷的基本动作。 2. 能将沙包投的又高又远并保持身体的平衡。	1. 能坚持在较热或较冷的户外环境中活动，提升耐受力和坚强的意志品质。
抛接	1. 软球	1. 尝试软球的多种玩法，锻炼上肢力量。 2. 能连续自抛自接球。	1. 战胜困难的勇气和决心，做挑战的主人。
动作技能：走			
走	1. 小脚印垫	1. 有节奏、有精神地走，行走姿势正确。	1. 敢于尝试有一定难度的活动任务。
跨步走	1. 荷叶数字垫	1. 学会跨大步走的动作。	1. 能有始有终的做一件事，克服困难完成任务，有一定的自我控制能力。

续表

分类	淬砺器材名称及侧重点	目 标	意志品质
障碍走	1. 单元砖 2. 单元桶 3. 大龟背	1. 能轻松自如地绕过障碍走，听信号左右分队走。 2. 能在较窄的低矮物体上平稳地走一段距离。	1. 活动时有自信心，能与同伴分工合作，协商解决问题。
平衡走	1. 荡桥	1. 能在斜坡、荡桥和有一定间隔的物体上较平稳地行走。	1. 能认真负责地坚持完成了接受的任务。
推物走	1. 独轮车	1. 学习双手推独轮车向前绕过障碍走。	1. 懂得谦让，能与同伴协商解决问题，自觉遵守游戏规则。
走跳交替	1. 指压板	1. 能保持身体平衡，上下肢协调地走跳交替。	1. 能灵活控制身体进行“指压板”的游戏，有一定的竞争意识。
合作走	1. 双人协力鞋	1. 学习两人合作向前行走的方法。 2. 能主动调整步伐，与同伴协调一致。	1. 体验团队合作的乐趣，有强烈的团队协作意识。
动作技能：跑			
接力跑	1. 接力棒 2. 竹竿	1.互相协作完成游戏，并体验游戏的快乐。	1. 创设情境和任务挑战，层层递进的鼓励幼儿大胆进行挑战。 2. 充分习得坚持勇敢不怕困难的意志品质，挑战性也充分彰显，意志品质得到很好的体现。
方位跑	1. 方向盘	1. 学习奔跑中避让。	
追逐跑	1. 追逐飘带	1. 练习走跑交替和追逐跑。	

（三）幼儿园户外淬砺环境创设与应用

《幼儿园教育指导纲要（试行）》指出：幼儿园环境是重要的教育资源，应通过环境的创设和利用，有效地促进幼儿的发展。幼儿的发展应是一个经验建构的过程，这些经验建构往往存在于一定的环境中，因为环境与幼儿始终共存，幼儿既能从环境中获得许多有益的经验，也能运用自己已有的经验去影响、作用于环境。《3—6 岁儿童学习与发展指南》强调，幼儿园要“为幼儿准备多种体育活动材料，鼓励幼儿选择自己喜欢的材料开展活动”。如何保证幼儿的户外活动质量，达到身心和谐发展？幼儿园户外环境创设如何适宜幼儿的发展？是否渗透幼儿园的办园理念？能否为幼儿终身发展奠定一生的基础？这些是每所园所应该深入去研究挖掘的。我园在户外环境创设的过程中，将整体设计理念与办园理念结合，打造三环式户外活动场地，物尽其用，充分整合可利用的资源，打造一个幼儿想玩、敢玩、乐此不疲的好玩的户外环境。

★设计理念

1. 景观环境及自然环境

（1）在陈鹤琴先生“活教育”思想的指导下，打造“静适中灵动，多元中独特”的幼儿园景观环境及自然环境。在环境创设中做到“三渗透”，即渗透传承百年老园的精髓、渗透人与自然和谐相处的理念、渗透淬砺健康教育的思想。

① 渗透传承百年老园的精髓

湖北省实验幼儿园是湖广总督张之洞创办的中国第一所公立幼儿园，秉承张之洞先生提出的“保身体之健旺，养天赋之美材，习善良之言行”为办园理念，将张之洞的铜像矗立在幼儿园入园道路的竹林中，闹中取静，彰显百年老园的不朽精髓。

② 渗透人与自然和谐相处的理念

园所占地面积 7252 平方米，绿化面积占全园总面积 53%，栽种了各种高大乔木和低矮灌木，绿树成荫，四季瓜果飘香。

陈鹤琴先生曾指出，“大自然，大社会，都是活教材”。园内的竹林、山坡、草坪、树林、小溪、木桥、山洞、林荫小路等自然景观，满足幼儿喜欢与自然亲近的天性；满足幼儿对大自然的向往，让幼儿感受大自然的奇妙。他们时而在林间穿梭，时而在草坪上打滚，时而与蜻蜓赛跑，时而听知了鸣叫，以自己独特的方式接触自然、认识世界，独立自主地去解决问题。幼儿在充分享受这些大自然的馈赠的同时，拓展了视野，为今后的发展提供了更广阔的空间。

图 3–1　捉泥鳅

图 3–2　会爬树

③ 渗透淬砺健康教育的思想

淬砺健康教育指通过锻炼体能，培养幼儿勇敢、坚强等品质。淬砺健康教育的目标很大一部分是通过打造丰富多彩的体育游戏、体育运动达成。因此我园因地制宜，打造了适宜幼儿发展的淬砺健康教育环境。满足幼儿喜欢奔跑追逐、攀爬钻跳等需求，同时又打造了不同于他园的具有挑战性的淬砺环境，让幼儿在运动中提升抗挫能力、排解力、耐受力。对提升幼儿的体质、体能以及身体运动的灵活性、协调性、柔韧性、耐力、速度等运动素质具有重要的意义。

2. 户外游戏环境的创设与应用

《幼儿园教育指导纲要（试行）》中明确指出："体育是促进幼儿全面发展的重要手段，开展丰富多彩的户外游戏和体育活动，用幼儿感兴趣的方式发展基本动作，培养幼儿良好的意志品质、个性品质，使他们在快乐的童年生活中获得有益于身心发展的经验。"我园在打造户外游戏环境时正是着眼于儿童意志品质与个性品质的培养，将探索性与挑战性有机结合，并从中关注到幼儿的自我保护能力，最终使幼儿的发展达到一定的高度，奠定终身运动的基础。

（1）有利于幼儿进行有益于健康的探险

在打造幼儿园挑战性主题户外游戏场的过程中，将探险元素和自然元素结合起来，诞生了"林中小勇士"探险区域，主要由滑索树屋、滚轴树屋、瞭望台及联接三者的荡桥组成。

由树屋、瞭望台及连接二者的荡桥组成。树屋设计了不同的攀爬形式，有楼梯和竹竿，为幼儿上下提供了多种通道，极具挑战性。

（2）有利于幼儿接受渐进性挑战

幼儿园的勇敢者游戏，材料由宽窄不同的木板、木梯、木架和长短不一的竹梯组成，可依据幼儿的年龄特点将不同类型的材料重新组合，可变的材料使幼儿的挑战循序渐进。

图 3–3　林中小勇士

（3）有利于幼儿玩不同形态的游戏

一是幼儿的身体发展是全方位的，而任何一项体育运动都只能锻炼身体的某一种或几种技能。因此要根据幼儿园原有场地的具体情况，设置全面丰富的活动区域。如田径区、投掷区、攀爬区、平衡区等，以满足幼儿走、跑、跳、投、钻爬、攀岩等不同运动项目的需要，尽量避免身体锻炼的片面性和不平衡性。二是提供丰富的活动材料。体育器材的种类很多，有纯自然和非自然的，有购买的，也有自制的，固定的、移动的体育器材和大型的、小型的器材相结合，使幼儿身体得到全面锻炼。

（4）有利于幼儿操作各类材料，促进自身发展

设置的所有材料都是以幼儿的可操作为原则的，尽量避免功能单一的装饰性材料。为了保证幼儿能独立收纳所有材料，我们设计制作了体育小屋，用五常管理的方法给每样材料固定位置，按幼儿的喜好程度与方便原则进行材料摆放，幼儿可以根据自身能力独立或与同伴合作拿取材料，促进幼儿社会性的发展。

图 3–4　平衡游戏

★户外游戏场地的构成

在园所文化背景下，我园以传统游戏场为依托，渗透探险性游戏，打造

三环式主题游戏场所，突显健康与探险的主题，场地主要由下列区域构成。

图 3-5 体育小屋

内环——游戏场（米奇操场）

中环——游嬉山（野战区、探险区、平衡区、投掷区、悬垂区、种植养殖区、沙水游戏区）

外环——游戏廊（跑道、攀爬区、溜冰场、游戏墙）

1. 内环——操场

米奇操场是集体区，能够同时容纳较多幼儿活动。可开展操节展示、队列变换、体能大循环、自主性体育游戏等活动。

图 3-6 内环米奇操场

图 3-7 拍球

2. 中环——野趣区、探险区、平衡区、悬垂区、种植养殖区、沙水游戏区

图 3-8　游戏场标识牌

图 3-9　跳长绳

在环境打造中，保留了操场一端的小山和果林，并在原有环境的基础上因地制宜地进行改造，将原来的小山打造成了综合游戏场，幼儿可以在其中发展不同的能力、开展不同的游戏。

（1）野趣区——林中小勇士

野趣区是一个以提高幼儿综合素质、克服困难，获得挑战乐趣，磨砺幼儿意志的主题区域。野趣主题区的打造在确保安全、环保的基础上满足幼儿的运动体验。我园的野趣区主要由海陆空运动营、壕沟、幽闭空间三部分组成。为增强趣味性，其中还纵横交错设置了多通道传声筒，另外，在山坡上还渗透了“北斗七星”的科学教育元素，孩子们从幽闭空间里可以很直观地看清“北斗七星”的造型。

① 海陆空运动营

运动营设置在三个不同高度的山坡上，山坡上分别用实木制作了“实幼舰艇”“实幼直升机”“实幼越野车”。孩子们自由穿越其中，进行角色扮演，完成任务挑战。

图 3-10　实幼越野车

图 3-11　实幼舰艇

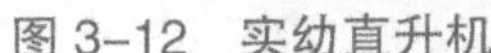

图 3-12　实幼直升机　　图 3-13　投球游戏

图 3-14　赶小球

② 壕沟

整个壕沟的设计在于为幼儿提供适宜难度的、具有挑战性的场所，壕沟是一个侧重钻爬的区域，整个壕沟蜿蜒曲折、有高有低、充满野趣。壕沟的战道由砖加上水泥制作成半圆形，材料简单但坚固耐用。在兼具安全性与挑战性的基础上，在壕沟的坡顶上设计了北斗七星透光孔，利于壕沟采光，便于教师观察，并将科学性融于其中。壕沟中安装了传声筒，传声筒有“一对一”及“一对多传声”两种形式，满足幼儿不同游戏的需求。

图 3–15　游嬉山游戏（1）

图 3–16　游嬉山游戏（2）

图 3–17　北斗七星透光孔

③幽闭空间

山坡内部有高低不同、宽窄不同的山洞，有的完全通透，有的半封闭半通透。洞口处可弯腰通过，进入里面洞口越来越小，越来越暗，只能钻爬或匍匐爬行才能顺利通过。旨在让幼儿体验黑暗，并克服对黑暗和狭窄空间的恐惧感，大胆前行。洞内四壁还设计了不同大小的藏宝洞，能够激发幼儿的游戏兴趣。不同层次的挑战难度满足不同发展层次幼儿的需要，让幼儿通过挑战，获得成功的体验。

图 3-18 幽闭空间

（2）探险区——林中小勇士

自然是幼儿最感兴趣的场所，因地制宜，利用操场旁的几颗粗壮的大树，将探险元素和自然元素结合起来，打造了“林中小勇士”探险区域，主要由滑索树屋、滚轴树屋、瞭望台及联接三者的荡桥组成。

图 3-19 树屋游戏区

图 3-20 滚抽树屋游戏

图 3-21　爬滚抽树屋

图 3-22　滑索树屋游戏

（3）平衡区

平衡器械区包括高低不同的“脚踏石”和梅花桩、平衡木或圆木、攀爬的梯子等，这些都可以促进幼儿平衡能力的发展。

图 3-23　走油桶

图 3-24　三人走油桶

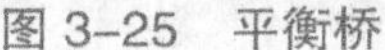
图 3-25 平衡桥

图 3-26 平衡游戏

（4）悬垂区

外环区有规则地竖几根单杠，再在杠上悬吊上若干拳击袋，幼儿既可以打拳击，又能玩单杠，还可在软梯上灵活上下，在旋转秋千上体验别样的感觉。

图 3-27 绳索游戏

图 2-28 悬垂区

图 3-29 软梯游戏

图 3-30 飞行小勇士

（5）种植养殖区

种植区是为幼儿提供观察植物生长和体验播种、栽培、施肥、浇水等种植活动的区域。在种植区，幼儿可以理解植物生命循环的过程，了解植物生长与外界环境之间的因果关系。

图 2-31　种植园（1）

图 3-32　种植园（2）

图 3-33　种植园（3）

（6）沙水游戏区

沙水游戏是幼儿最爱玩的游戏之一，也是为幼儿提供感官刺激的一种重要方式。沙子有趣的物理特性，使它成为可以随意变化的游戏材料。沙水区的进一步打造，让幼儿能够更加亲近自然，去探索沙与水的自然特性。

图 3-34 沙水游戏

图 3-35 压水游戏

2. 外环——跑道、攀爬区、溜冰场、游戏墙

幼儿园外环树立着很多大型器械设备，是在室外发展幼儿大肌肉运动的主要设备集中区域。它为幼儿提供攀登、爬行、平衡、踢踏等各种各样活动的练习机会。外环的主要设施是跑道、攀岩墙、组合攀爬器械、溜冰场、游戏墙。

（1）跑道

跑道可以供幼儿开展走、跑、跳等活动，活动场地划分鲜明确定，尤其适合开展小组间竞赛的活动。

图 3-36 五彩跑道

（2）攀爬区

组合攀爬器械可以满足不同幼儿的需要，增强幼儿上臂及腿部肌肉的力量，使手的抓握动作和退的动作协调起来，同时增强幼儿的耐力。教师指导时需要确保幼儿的安全，指导幼儿手抓好，脚踏稳。

图 3–37 攀爬架游戏

图 3–38 攀爬墙

（3）溜冰场

为避免滑轮对塑胶地面的损坏，特意空出一块平整的溜冰场地供幼儿进行轮滑，同时溜冰场也可进行其他集体活动，成为另外一个游戏场。

图 3–39 轮滑区

（4）游戏墙

色彩搭配：

墙面整体背景以中性灰色调作为主背景色，制作工艺为艺术漆（或真石漆）的涂装方式。中性灰色调作为主背景色，嵌入深层空间，衬托墙面主题造型的色彩，色彩搭配方面主次分明、层次感强烈、变化多样。

★空间布局

在空间布局方面，设计师一方面采取情景叙述的方式进行画面铺排，另一方面，采用功能为主、装饰为辅的铺排方式进行空间布局设计。墙面空间布局完善了触摸墙的幼儿触摸感受功能、益智动手功能、装饰美化功能，以多方面的功能性打造特色触摸墙。

1. 机器人触摸区

在机器人触摸区，幼儿可根据墙面颜色的提示，将螺帽拧入装置内，通过不同颜色螺帽的摆放，拼装成提示的卡通机器人效果。

图 3-40　机器人触摸区

2. 水循环管道区

使用透明水管为原材料，装置水阀，幼儿通过旋动水阀，观察水的流向，为水分流，了解水的不同特性。

图 4-41　水循环管道区

3. 水车区

开关打开，水流出来，水车自然转动，无间断的运作方式让幼儿在感受田园趣味的同时，更探索了水车转动的秘密。

图 3-42　水车区

4. 瀑布灌溉区

水车流下的水通过水循环动力系统源源不断地流向瀑布灌溉区，幼儿充分感受水是世间万物的朋友，在水的浇灌下，植物蓬勃生长，万物苏醒。

图 3–43 瀑布灌溉区

5. 机械齿轮区

墙面上翅膀的造型带来灵动的美，幼儿通过拨动齿轮，了解单个或多个齿轮运动的状态，大轮带小轮、一轮带多轮的有趣现象让幼儿的科学想象空间无限扩大。

图 3–44 机械齿轮区

6. 黑板涂鸦区

“今天你画了什么？”“我来当老师，教你们画画吧！”涂鸦区是幼儿发挥右脑创造思维的一片乐土，在这个区域里，幼儿什么都可以画，没有限制，没有要求，只要你想，就可以发散思维，放飞梦想。

图 3-45　黑板涂鸦区

7. 电器主板区

“电脑为什么可以放音乐？”“手机里面到底藏着什么？”大千世界，我们往往只是看到表象，里面到底是怎样的呢？电器主板区直接把幼儿感兴趣的电路暴露在外面，让所有幼儿都亲自触摸，亲手感知，这里是未来科学家诞生的摇篮。

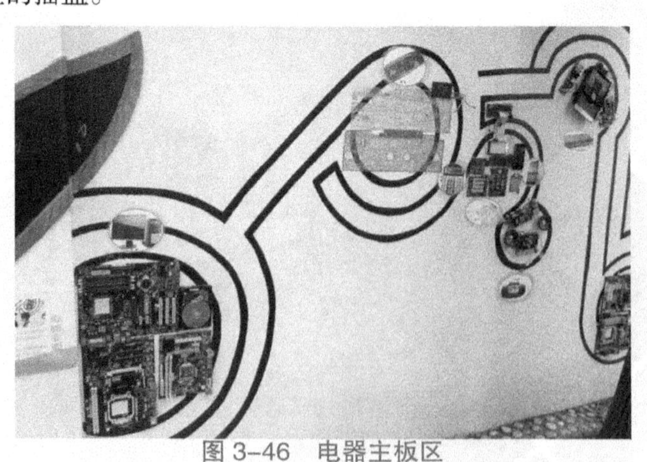

图 3-46　电器主板区

8. 感统区

此区域将原本平整的墙面用生活中常见的触摸材质进行打造，在摸一摸、看一看、比一比的游戏中，促进幼儿大脑与体魄的发育。地面上五彩瓷砖的设计，给幼儿视觉上耳目一新的感受。

图 3–47 感统区

图 3–48 游戏墙游戏

图 3–49 钻爬游戏

图 3-50　户外角色游戏

图 3-51　小骑手

图 3-52　帐篷节

图 3-53　中环运动场

（四）幼儿园室内淬砺环境创设与应用

★设计理念

环境作为幼儿园中重要的隐形教育资源，其创设一直为幼儿园所重视，受到陈鹤琴“活教育”思想的启发，我国一直致力于将室内环境打造成“活”环境。

1. 班级环境打造的总体原则是以儿童为本。

2. 坚持多样性、层次性、可变性原则，将室内环境与公共区域巧妙融合。

3. 将厚重的园所文化与童趣的环境融为一体。

我们一直坚信，办园理念不仅仅要停留在口头上，保留于头脑中，更要渗透在室内环境的每一个角落，用办园理念促进儿童发展。深入挖掘办园理念的教育内涵，在环境中呈现园史，让办园理念渗透在每一个角落，可听可玩、可触可变，促进儿童持续发展。

幼儿园重新对室内环境文化进行了建设和打造，从空间的安排、通道的流畅、私密性的提供、设备摆放的位置、空间的密度等多方面进行了规划。

表 3–2 环境设计与幼儿行为反应表

环境设计		幼儿行为反应
空间密度	1. 每位幼儿室内活动空间不宜少于0.186 平方米。	1. 当空间密度低于此限度时，容易引发幼儿的攻击性行为，降低幼儿的社会互动。
适度的分割或界限划分	1. 静态活动区和游戏场分开，可以仔细观察儿童行为。 2. 把活动室分割成较小的学习区域，且容易让幼儿辨识。 3. 游戏场应设不同的活动区域，并加强对圈内各角落的利用，以形成静态活动。 4. 活动场应设置各种大小的活动分区，以供应大小不同的活动团体。	1. 在分割的学习区中，幼儿会以较安静的方式参与工作及进行互动，亦能增加幼儿与设备间的互动。 2. 儿童在游戏场除进行动态活动外，也有部分儿童进行静态游戏。 3. 儿童的活动形态常是大团体与小团体夹杂在一起。
通道的流畅性	1. 不同的出入口和通道，以减少意外事件的发生。 2. 活动室的通道规划宜注意流畅性，并保持 1/3 以上的剩余空间。	1. 服务性空间常是幼儿躲藏、追逐的好场所。 2. 在通道环境中，幼儿语言的表现多于身体动作的表现。且在身体及语言的表现中，促进成长的行为多于抑制成长的行为。
隐秘处的提供	1. 在活动室中提供一些隐秘的角落。善加利用教室周围的角落，但要注意安全性。	1. 幼儿在可以独立游戏，而且他们在隐秘性的区域活动时，合作性行为增加，且较能安静地进行活动。 2. 幼儿喜欢在各屋角处游戏。
取用方便	1. 将经常使用的教材、教具放在幼儿容易取用的地方。	1. 方便取放的教材使用率较高，且幼儿互动的行为较多。
柔软度	1. 提供柔软度高的物理环境，如地毯、坐垫、明亮的色彩等。	1. 柔软度高的环境予幼儿一种亲切温暖、像家的感觉。

通过各种形式的教研活动达成共识，在环境创设的过程中时刻牢记避免三个污染：一是避免空间过度饱和的污染，整个活动室天花板上吊得满满、墙面上贴得随意的环境会让置身其中的人有压抑感，空间适度利用、墙面有序有效运用显得尤为重要；二是避免色彩污染，“赤橙黄绿青蓝紫”的颜色选用全凭教师个人喜好，用色随意的状态会让人感觉浮躁不安，而选择柠檬黄、果绿等柔和清新的色彩为基调会让儿童拥有平静愉快的心情；

三是避免双面胶污染，改用热熔胶、打圈的透明胶来呈现幼儿的作品，这将会在阶段性环境变化时，节省保教人员清洁工作的大量精力和时间。

与此同时，进行了办园理念与园本特色课程相对应的巧妙构想，通过主题教研活动《园所文化与班级环境的相互渗透》的开展，将旺体、习德、美材课程融合进三层教学楼的环境创设中。三层楼分别对应为：一楼：保身体之健旺——旺体课程；二楼：习善良之言行——习德课程；三楼：养天赋之美材——美材课程。

当然，教师要具有随着课程的推进，让教育环境常换常新的意识和能力，真正让环境成为儿童生活和成长的乐园。为此，我国制定了《环境创设创管理制度》，该制度从创设环境的原则为切入点，针对老师们创建环境时一些软肋，给予明确的方向。此制度有三个亮点让老师有方向、易操作。

一是定原则。班级环境创设应遵循环境与教育目标一致的原则、适宜性原则、安全策略、幼儿参与性原则和创造性原则，依据以上原则进行环境创设。

二是定位置。各区角中在规定区域呈现区角规则并展示幼儿作品，避免在墙裙以上的位置进行粘贴，避免使用双面胶。主题墙根据主题的推进每月进行一次更换，弧形主题墙是本月主题，电视背景墙呈现上月主题的精华部分，充分体现教育的延展性。

三是定风格。楼层、班内风格统一、和谐，环创主材、主色、主旨都是师幼共建的过程，色彩柔和，静谧愉快。

在打造整个室内环境的过程中，首先要做到统筹规划，空间的设计理念和空间布局是室内环境创设的第一步，现阶段幼儿园室内环境的创设归结起来，大致分为三种类型：第一种是按照功能和性质划分的阅览区、美工区、表演区等常规区域，第二种是突显班级或者地域特色的特色区域，第三种是随着主题课程推进创设的主题区域。以常规区域为班级区域的基本载体，凸显特色区域，并且在主题活动的开展过程中改变材料的投放，从而使得常规区域部分承载主题区域目标的功能。

★幼儿园室内环境创设的内容架构

（一）班级环境主题和区角总体思路

以班级主题为主线，设置区角，区角数量为大班 7—8 个，中班 6—7 个，小班 5—6 个。教师将各区角进行有机结合，重点打造班级特色区角，如大班科学探索区、中班与社会有关的角色扮演区，如娃娃医院，小班与家庭有关的角色扮演区，如娃娃家。幼儿在游戏中提高语言、社会交往、创造性游戏的能力。

（二）班级游戏区角规划

1. 分区规划：区角活动是自主性活动，幼儿各自进行着自己的操作，活动区分布不合理有可能导致幼儿间的相互影响和干扰，也可能妨碍幼儿间的交流。因此，区角分区应该进行合理布局和划分，应体现以下原则：

（1）区域分明：利用矮柜、家具材料设置半封闭的空间，让幼儿可以一目了然地找到自己想进的区角。

（2）动静分开，适宜搭配：把性质相似的区角安排在一起，以免相互干扰。

如阅读区、智力区等相对安静的区角应该设置在一起；表演区、建构区等热闹的区角要远离安静区角；美工区、科学区可以稍微靠近水源，方便幼儿用水。

（3）区域互动：与原有幼儿园区域活动以分离、封闭与半封闭为基本特征不同，区角活动以开放与对话为基本特征，强调区角与区角之间彼此进行联动和互补。

2. 标志设计：这是表明区角特征和类别的识别符号，以图形和文字符号来表示，便于幼儿选择区角，清楚区角基本规则，便于取放材料。如区角标识、规则标识、五常管理材料标识。

3. 班级各区角介绍：教师利用游戏特征创设情境，引导幼儿以个别或小组的方式，自主选择、操作、学习，从而在和环境的相互作用中，获得身体、情感、认知及社会性等各方面发展的一种教育组织形式。依据活动内容的类别对空间进行划分，可分为表现性区角——角色区、表演区、建构区、美工区，探索性区角——智力区、科学区、种植区、图书区。

（三）班级墙面环境创设

1. 主题墙：根据各班所开展的主题活动内容而设计和布置，设立小标题，以孩子的作品为主。如：小班主题“动物乐园”墙面设计分为“我的动物朋友”“动物的分类”“照顾小动物”“小动物的家”四个版块。主题墙内容每月更替，同时，上月主题内容的延伸部分在电视机背景墙上呈现。

2. 作品栏：将走廊的一整面墙作为幼儿的作品栏，保证每位幼儿的作品都有展示的空间，班级保证每两周最少更新一次幼儿自制绘画作品，给幼儿提供充分的自由创作、自我展现的平台，幼儿可以看到自己和同伴的作品，增加交流，增强自信心。

3. 家园联系栏：是家园共育的重要窗口，是家长和幼儿园联系的纽带，用于家长及时把握幼儿园或班级的教育情况。外观上要有美感，具有吸引性，内容上可以通过实例、故事、图片等形式传达教育意图。

（四）班级游戏管理保障

1. 材料的收纳：活动区的材料统一使用同色的篓子或托盘收纳，使得整个班级的颜色协调统一，选择浅口的篓子或托盘，是让收纳器皿里的物品一目了然，儿童能够一眼看见器皿内的实物，便于取放。每一个收纳器皿上都有标记，由孩子们亲手画上，柜子里贴着相应的标记，物品取放标记遍布每一个有操作材料的柜子，这些标记能够帮助孩子快速地取放物品，帮助他们养成收拾物品的好习惯。

2. 规则的建构：班上区角规则由老师与幼儿共同商讨后建构，采用统一的方式呈现。例如美工区的规则包括使用工具、收拾地面等这些必须遵守的规则，小厨房的规则包括洗干净手等。规则的图标孩子们都懂，中小班幼儿以照片的形式呈现，大班幼儿在老师的引导下独立画出图标，老师用文字进行标注后悬挂在区角中。

（五）幼儿园室内环境创设具体案例

1. 班级环境主题及区角创设思路

环境主题：木木家族总动员（大班）

总体思路：我班的公共区域为木工坊，木木的构想起初来源于木工坊。木头具有可变、多变、易变的特性，不同粗细、大小的木头随意组合后，就可以变幻成任意造型，因此我们选择了木头为主材。因为木头是原木色，所以我班以原木色为主，辅以绿色来点缀，原木色与绿色搭配，让整个活动室生机盎然。

配合主材与主色，我们将活动室打造成奇幻的森林场景——木头制作的可爱木偶随处可见，造型多变的木制麋鹿在区角招手欢迎幼儿，原木的墙面装饰、木制的幼儿桌椅和床铺，加上幼儿随意涂鸦的美术创想，让活动室变成每个幼儿敢想、敢画、敢表达的场所。幼儿活在自己创造的奇幻森林里，就像一个个活泼灵动的小精灵一样，充满童趣。

2. 班级区角

（1）分区规划

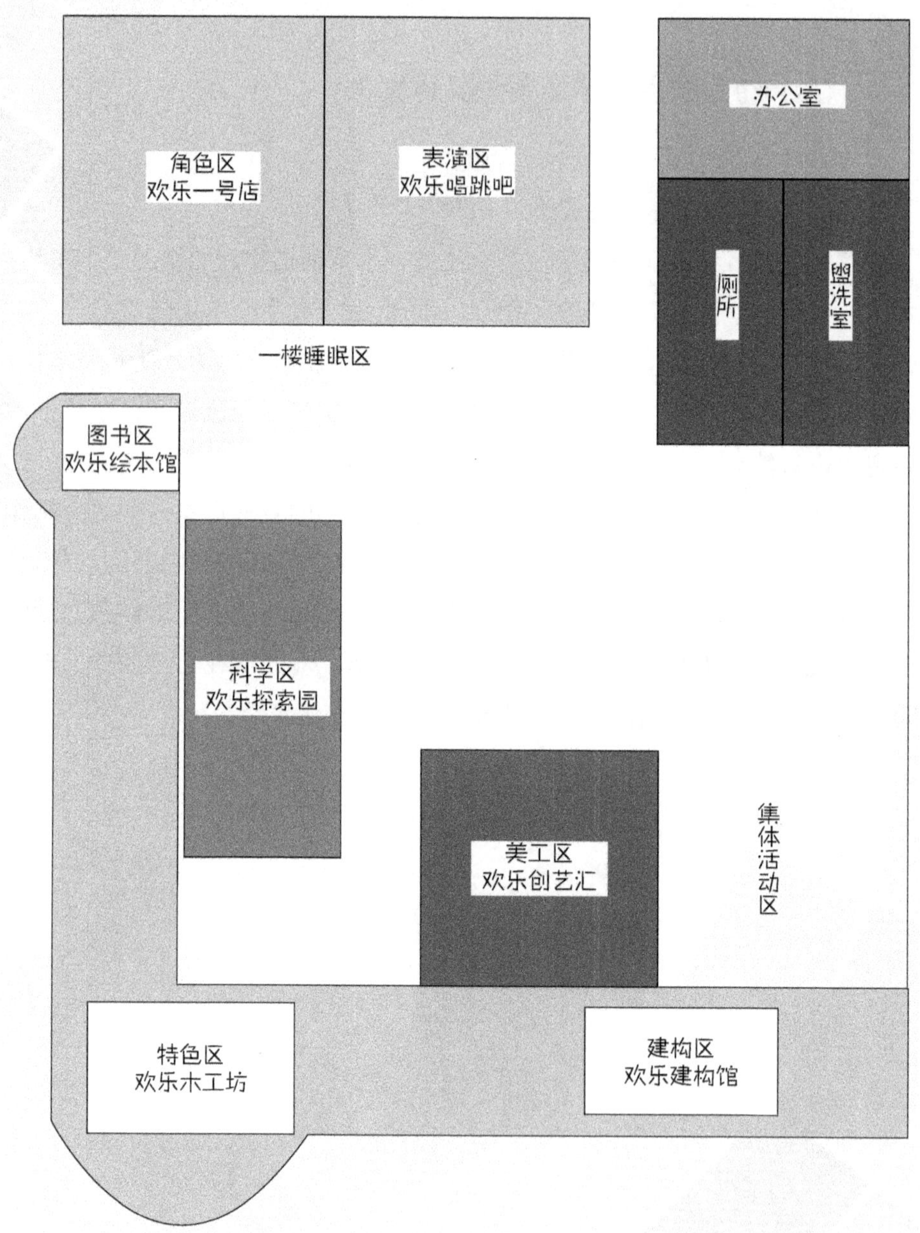

图 5-54　大班室内分区规划

（2）标志设计

图 3-55　班级区角标识

图 3-56　区角规则

图 3–57　材料标识

图 3–58　区角材料百宝箱

（3）班级各区角介绍

美工区——欢乐创艺汇

图 3-59　美工区

图 3-60　美工区

表演区—— 欢乐唱跳吧

图 3-61　舞台表演

图 3-62　表演区

建构区——欢乐建构吧

图 3-63　建筑馆图

图 3-64　建构游戏

探索区——欢乐探索园

图 2-65　探索区

图 2-66　光影游戏

角色区——欢乐一号店

图 3-67　角色区

图 3-68　快递员

图书区——欢乐绘本馆

图 3-69　图书区

图 3-70　图书区

图 3-71　木工坊

图 3-72　木工游戏

特色区——欢乐木工坊

图 3-73　木工坊游戏

3. 班级墙面环境创设

（1）主题墙：以某月主题《娃娃看天下》为例。

图 3–74　主题墙

（2）作品栏

图 3–75　作品栏

（3）家园联系栏

图 3–76　家园联系栏

（六）室内淬砺环境案例——打造“心理抗挫”软环境

根据幼儿年龄特点和班本特色课程，在班级内创设了一系列“心理抗挫”软环境。

如大班“勇攀高峰”游戏，鼓励幼儿在园内淬砺环境中不断挑战自我、挖掘潜能，完成挑战任务。孩子们你追我赶，勇敢攀登“勇气”最高峰，孩子们学会了勇敢与坚强。“釜底抽薪”游戏，通过参与不同材质的“叠叠乐”大挑战，幼儿的动手能力、观察力、专注力不断提升，有效培养了幼儿的坚持和不气馁的意志品质。“珠行万里”游戏，通过团队合作搭桥，使滚珠顺利达到终点。幼儿在一次次失败中汲取经验，不断尝试、挑战，在挫折中磨砺成长。

中班“黑夜探险”游戏，让幼儿在半封闭的空间里寻找迷宫出路，通过不断尝试，让幼儿克服怕黑的心理，学习遇到困难勇于挑战，并尝试自己解决问题。“美食大冒险”游戏，通过提供苦莲子、苦瓜、芥末、辣豆、酸枣等食材，鼓励幼儿克服内心的胆怯、害怕、抗拒等心理，挑战品尝各种味道的食材，增强幼儿勇于尝试、敢于探索等意志品质。“胆战心惊”游戏，让幼儿每天都在“淬砺魔法箱”中去挑战心理极限，克服恐惧、焦虑等心理障碍，增强自信心。

小班“一触即发”游戏，鼓励幼儿尝试“鳄鱼嘴”大冒险，把小手放进会“咬人”的鳄鱼嘴里，探索有机关的牙齿。幼儿在紧张、害怕中发现牙齿的秘密，获得成功感。

三、淬砺教育心理环境拓展

幼儿园心理环境作为幼儿园环境的重要组成部分，对幼儿良好行为习惯的养成有潜移默化的作用，在拥有丰富物质环境的基础上创设良好的心理环境，对此目标的达成会起到事半功倍的作用。对幼儿来说，良好的心理环境应该是幼儿与幼儿、幼儿与教师、幼儿与家长之间的一种和谐、平等的交往关系以及健康、有益的信息交流和传递。可以说，心理环境对幼儿来讲，在某种程度上比对成人的影响更大、更重要。

幼儿园作为群体式的保育和教育机构，其心理环境包括了幼儿生活、学习和游戏的全部空间，特别是幼儿的学习、活动及生活的气氛，幼儿园的人际关系及风气等，对幼儿的身心发展起着潜移默化的影响作用。幼儿园的淬砺心理环境，主要体现在幼儿园的人际关系方面，它虽然看不见、摸不着，但却是可感受、可体验到的。幼儿对幼儿园心理环境的感受，影响着幼儿对于幼儿园的态度，影响着幼儿在园生活的质量和幼儿身心各方面的发展。怎样为幼儿创设一个良好的心理环境呢？

（一）尊重和满足幼儿的基本需要

良好的师生关系应当具有温馨的情感色彩。教师应当能够使自己与幼儿发生积极的、正向的情感联系，使幼儿在幼儿园里不紧张、不害怕，感到安全自由。幼儿的年龄虽小，但他们与成人一样也有各种各样的需要，包括生理方面和心理方面的需要。尊重幼儿就要尊重并满足幼儿的各种合理需要。只有在幼儿的各种需要被满足的前提下，幼儿才能建立起对外部世界的安全感与信任感，才能对看护与教育他们的成人产生情感上的依恋。在幼儿园，教师替代了母亲的角色，教师应当通过适当的身体接触，来满足幼儿的这种情感需要。师生之间有无适当的身体接触，可以反映幼儿园班级的心理环境的质量。

（二）积极主动地与幼儿交往

交往是人们发生联系，形成特定的、带有情感色彩的人际关系的过程。为了建立良好的师生关系，教师应积极主动地与幼儿交往。在与幼儿的交往过程中，教师切忌以居高临下的姿态对待幼儿，强制幼儿服从是对教师权威的滥用，教师不可能真正得到幼儿的信任与尊重。在师生的交往过程中，一个亲切的微笑、一个理解的眼神、一个充满爱心的搂抱远胜过教师的千言万语。如果教师严肃、冷漠、不苟言笑，只能使幼儿害怕，望而生畏，而不能形成真正的教师权威。在教学过程中，教师要确立以幼儿为主的思想，做到“教而不包”，给幼儿留出一定的空间，多给幼儿提供充分的“选择”机会。有这样一个场景：在一次美术活动时，教室里静悄悄的，孩子们一个个正在认真作画，老师巡视着。“老师，希希画了个黑太阳。”安静的教室里突然响起了昊昊的叫声。老师快步走过去，果然，在希希的画纸上有一个大大的黑太阳。 黑太阳正笑眯眯地挂在天空。老师蹲下身子望着他说：“希希，能告老师你为什么想画个黑太阳呢？”“我想让乌云挡住太阳，没有了太阳，乌云就会下雨，老师你不是说，春天种在地里的种子喝了雨水后就能发芽嘛，我想让种子快点发芽。”哦，原来是这么回事，春天里，希希和妈妈一起种了向日葵，希希是想让种子快点发芽，才画了一个黑太阳，这个想法真是太妙了。老师马上把希希的想法解释给小朋友们听。这时的希希一脸的兴奋、骄傲和自信。幼儿在这样的心理环境中就能感到奋发向上，有自豪感，在精神上也能获得愉悦，幼儿的思维也得到了拓展。

（三）发挥教师在班级人际关系中的核心作用

教师不仅与作为个体的每个幼儿交往，也与作为群体的幼儿集体交往。教师与幼儿的交往及形成的相互关系，影响着幼儿与幼儿之间的同伴交往与同伴关系。教师的言行举止，决定着班级人际关系的面貌，决定着班级心理环境的质量。教师是班级心理环境的主要营造者。所以教师应坚持正面教育和集体教育的教育态度，使幼儿个体的才能在集体中得到充分表现，逐渐使幼儿产生自信和自主感。教师应注意引导、鼓励和帮助幼儿参加各种活动，并随时肯定、表扬他们的积极性和良好表现，这将会激励他们的主动精神；如果对儿童的活动及活动结果要求过严，指责过多，进行不合理的惩罚，必然会挫伤幼儿的心灵，使他们自卑，失去信心，对自己的能力产生怀疑，对自己的行动或自身产生羞怯感，进而影响幼儿的身心健康和谐发展。

《幼儿园暂行规程》明确指出：“创设与教育相适应的良好环境。”为幼儿提供活动和表现能力的机会与条件。同时还指出，幼儿园必须切实做好幼儿的生理和心理卫生的保健工作。这就要求我们重视心理环境和幼儿精神健康，从思想上转变以“教师为中心”的保守观念，树立科学的儿童观、教育观，牢固树立幼儿是精神主体的思想。

幼儿阶段是培养幼儿一生可持续发展能力的重要时期。淬砺心理环境的创设关注的是如何在一日活动中培养幼儿的健全人格，培养幼儿的交往能力、自信心、独立性、坚持、勇敢、表达能力、逻辑思维能力、自我保护意识及应变能力等。这就要求我们要了解儿童心理特点与年龄特点，利用科学有效的方法、丰富多彩的活动内容引领幼儿健康成长。

建立了感情基础，我们才能实现有效的师幼互动。有效的前提完成后，还需要做到以下几点：

第一，选择有教育价值的教学内容。从主题目标出发，理解教学内容拟定意图。目前，幼儿园的课程基本上是以主题为线索进行内容的组织，“主题”常常以幼儿的生活主题为主要表现形式。一个“主题”可以横向关涉或辐射多个学科或领域的知识与经验。内容应结合幼儿的年龄特点，在最近发展区内，即以儿童的心理发展水平为基础，又有发展的空间。

第二，确定教育目标。教学目标的设计是对教学活动与其所达到的结果的规划。确定恰当的教育目标，是有效教学的核心，尽量挖掘五大领域内有效的教育目标，了解幼儿已有的生活经验以及孩子的年龄特点，教育目标要具体明确，切忌太大、太空，要尽量用可观察的行为来陈述，要具体明确、清晰。关注教育的多重价值——情感、态度、能力、知识、技能。

第三，做好全方位的准备。由于多方面的原因所致，幼儿间存在着个性、智力、能力上的差异。为使每个幼儿在原有的基础上都得到发展与提高，需要正确认识、准确了解幼儿的个体差异，并能针对这些个体差异设计教学活动，准备难易结合、简复结合的活动材料，方便每个幼儿都能根据自己的能力选择材料，轻松自如地驾驭材料，帮助幼儿达到真正意义上的自我发现、自我探索、自我发展。

在淬砺心理环境下，幼儿自觉地调节生理、心理，需要保持愉快的情绪。使他们逐渐学会相互合作、相互配合；学会如何公平地解决发生的矛盾及如何与同伴相处，养成关心他人、助人为乐的人际交往良好品质。这种优良品质在小朋友的交往中相互传递、相互影响、相互作用，形成良好的风气，促进幼儿身心健康发展。

心理环境是指客观环境被人感知并对人的心理产生实际影响的各种环境因素，作为一种“对人的心理事件产生实际影响的环境”，心理环境所产生的心理效力是巨大的，对于每个人来说，心理环境比物质环境更加重要。创设良好的心理环境应该注意以下几个方面。

（1）创设能激发积极社会情感的、充满爱心和关切的环境。在一个班上，由于先天素质和家庭环境的具体差异，每个幼儿都有着不同的能力和性格：有的热情大方，有的内向胆小，有的活泼敏捷，教师要了解并一视同仁地对待每个幼儿，提出相应的要求。实践证明，在师幼之间，只有建立了和谐、亲切、友好、尊重、充满社会情感的关系，才能使幼儿乐意接受教师的要求和指导，敞开心扉地自然表达心理动态和全部智能，并且扩展为良好的同伴关系。

（2）创设能调动和发挥幼儿潜能、尊重和期望的环境。幼儿是活动的主体，教育的第一条件就是要尊重主体，认识主体，热爱主体。教师的言语和举动要能恰当地顾及行为的环境条件和社会后果，要尽量采取正面的评价，坚持启发诱导的正面教育。当幼儿情绪不好或出错时，要宽容和接纳，让幼儿感到安全。例如：教师应经常使用协商、启发、建议的口吻说话，语言、表情、姿态、动作都应包含尊重和信任的信息；教师应为每一个幼儿提供表现自己活动能力的机会和条件；尊重每一个幼儿的认知优势和创造力；应注意发挥期望效应的积极功能等。

（3）创设一个能发展幼儿自尊自信的、信任和接纳的环境。幼儿受认识水平影响，自我评价能力不高，常依赖于成人的评价，幼儿学习评价主要通过成人正确评价的示范。因此教师要广泛搜集幼儿在幼儿园、家庭中有关发展的信息，善于发现幼儿的优点，以积极的态度对待幼儿，客观、具体、明确地评价幼儿。由于每个幼儿身心发展都不一样，因此教师要注意避免用单一的标准评价不同的幼儿，在幼儿面前慎用横向比较。

（4）创设能引起幼儿自由操作探索和观察的有趣的环境。让幼儿主动开展有兴趣的活动是使他们各方面得到充分发展的重要条件，教师要创设安全、温馨、接纳、关爱的心理环境，尽可能多地进行个别交流。目前幼儿园除了集体活动，更重视开展区域游戏、自主活动，让幼儿在自由、自主的活动中通过游戏获得知识经验以及得到各方面的发展。在游戏中，幼儿扮演各种角色，重现周围人们的语言、动作和态度，需要能得到满足，能体验到巨大的快乐。

第二节　淬砺教育家庭及社区资源拓展

家庭是孩子的第一任学校，父母是孩子的第一任教师。苏联教育家苏霍姆林斯基有句名言："没有家庭教育的学校教育和没有学校教育的家庭教育，都不可能完成培养人这样一个极其细微的任务。"由于幼儿教育对象的年龄特点，"家园共育"的作用更加明显。利用家长资源，让家长学会和幼儿共同学习、成长，多渠道获取课程资源，促进主题活动顺利开展等观念已经深入到幼儿园教师的心中，家长资源是幼儿教育不可或缺的重要课程资源。尤其是在淬砺教育活动中，我们经常动员家长为淬砺教育提供相应的资源，取得了一定的效果。

《幼儿园教育指导纲要（试行）》明确提出，"家庭是幼儿园重要的合作伙伴。应本着尊重、平等、合作的原则，争取家长的理解、支持和主动参与，并积极支持、帮助家长提高教育能力。"在实践中我发现家长的角色定位也由此发生了根本性的变化。家长不再是教育的旁观者，家长与教师不再是教育与被教育的关系，而应是平等的合作关系。

一、家长资源开发

家长资源的合理开发旨在全面提高家长的素质，充分挖掘家长的各种潜能，合理有效地使用家长资源，以利于幼儿的全面进步和幼儿园的迅速发展。

（一）成立家长组织，参与园务管理

为有效开发家长资源，我们组建了“幼儿园—家庭教育联合委员会”，由家长直选产生园级和班级两级委员，为家长资源开发体系的建立奠定了组织基础。

（二）以多种方式组织家长参与幼儿园的管理

让家长介入园务管理主要是通过参与幼儿园的日常管理活动，使家长能及时了解幼儿园的管理现状，并对我们日常工作的实施和园务计划的落实进行监督。主要内容包括直接参与幼儿园职代会、幼儿园督察、幼儿园膳食管理与网站管理等。

（三）对家长资源进行合理分类

新生入园时我们都会采集家长信息，包括家长的职业、专长、个人爱好等，然后及时根据家长的不同特点和能力，对家长可参与的各项工作岗位和职能进行认真分析，并输入家长资源信息库。信息库的内容会随着家长的参与程度而不断地丰富。同时，根据不同岗位的职能和基本要求，通过公开招募，调整和补充家长智囊团、家长助教团、爱心服务团，挖掘家长中的人力资源。如家长助教团充分挖掘家长的专业知识和职业领域的特点，使家长成为幼儿园的家长教师，对幼儿实施教育。

二、以制度保障家长参与的有效性

合理的制度建设能够使权利和义务得到统一，使家长的参与逐步由自愿型走向制度型，提高管理的科学性，以确保家长对幼儿园教育的参与。因此，本园针对家长先后制定了《家长参与教育制度》《家长义工制度》等近 10 项制度。同时，针对教师在家长工作中的管理，也出台了《幼儿园家长工作制度》等相应制度，并将其纳入教师的工作考核中。

三、建立激励机制，激发家长主动参与

创建了包括利益激励机制和精神激励机制在内的公平合理的激励机制，形成强大的精神动力，充分调动家长工作的积极性和主观能动性，有效激发家长的潜能。每年都会根据家长参与的程度和对幼儿园贡献的大小评选优秀家长与热心家长，对于幼儿园有突出贡献的家长，授予“特殊功勋奖”。同时，通过幼儿园和家委会的合作，以班级和家庭小组为单位，组织丰富多彩的家长文化娱乐竞赛活动和班集体的亲子活动，加强家长与教师、家长与家长及家长与孩子之间的交往密度，增进彼此的亲密感，并加强对优秀家长和热心家长的表彰和宣传力度，提高了家长对幼儿园工作的热情度和参与度。

家长作为幼儿园教师的合作伙伴，他们的支持与态度将决定课程实施的效果。所以，我们开辟了多种途径，吸引家长积极参与园本课程活动。

家长助教是家园共育方面的一个新举措，是邀请有特点、专长的家长走进幼儿园，和教师一起组织学习、游戏活动，为孩子成长提供帮助和支持的一种活动。在课程实施的过程中，我们根据教学需要，结合家长的职业、特长、个性进行家长资源的筛选，从而确定家长进课堂助教的人选，与家长一起进行学习活动方案的设计与活动组织工作。如在大三班的茶艺区中，对于茶艺的展示、杯具的名称等，教师的专业技能是有限的，于是请来该班的一位擅长茶艺的家长，在她的细致介绍下，孩子们能大致了解茶艺的步骤、工具名称、礼仪及泡茶的方法等，为后期开展区域活动打下了基础。而在后期，该家长继续跟踪班级孩子的游戏情况，及时纠正和调整，让幼儿在游戏中习得相应的生活经验。

家长不仅是家园共育中的响应者、参与者，也是重要的教育者。在班级课程环境创设的过程中，邀请家长和孩子一起收集游戏活动所需的材料、图片及相关知识经验等，鼓励家长共同参与活动区、主题墙的创设，使其成为保教工作的合作者、宣传者。

整合各方资源，系统梳理、有针对性地运用各种课程资源，使其成为

一个有机的整体，进而促进幼儿园园本课程的有效开发与实施。

四、社区资源开发

随着大课程资源观的出现，幼儿园需要把社区资源引入到幼儿园课程资源中来，为此幼儿园要对社区资源进行科学合理的整合，并采取切实可行的整合途径与方法，让一切有利的社区资源转化为幼儿园课程资源，为幼儿园课程服务，最终形成幼儿园教育与社区教育的合力。

（一）对社区资源进行普查和分类

可用于幼儿园课程开发的社区资源可谓是五花八门、包罗万象，因此，对资源进行普查和分类是资源整合的第一步。幼儿园利用已有的教研团队或者指派专门的人员，以幼儿园为中心，对周边的社区资源进行系统和全面的调查。幼儿园周边的各类企事业单位和场所，如医院、菜市场、学校、邮局、银行、书店、公园、居委会等均可纳入调查范围中来。同时，调查需要按照一定的标准进行分类和整理，方能在资源收集过程中做到有的放矢，建立真正有价值的幼儿园课程开发资源库。如可以把具体的社区资源分为人力资源、物力资源、环境资源、文化资源等几大类，方便幼儿园在适当的时候为配合幼儿园特定的课程实施目标，利用特定性质的社区资源共同开展教育活动。

（二）筛选和优化资源

不同的社区资源由于从属于不同的社会机构和承担着不同的社会功能，因此需要经过教育者的仔细分析和梳理，才能够充分实现它的教育价值。有些社区资源可以直接用于幼儿园课程实施，但有些资源具有即时性，如元宵灯会、重阳舞狮会等重大的社区活动；有些资源具有长效性，如社区内的各种活动设施和场地等；有些资源具有不可重复性，有些资源则可以反复使用等。针对社区资源的特点，幼儿园要在对资源进行分类筛选的基础上，根据各种资源的性质，进一步优化和配置资源，并将之整合进不同的课程实施计划中，制定相应的课程实施细则。

（三）寻求外部支持团体

已有的幼儿园课程资源建设实践都普遍十分重视对园外个人和团体的利用，如对家长资源的利用等。这一方面为幼儿园提供了更为多元的视角来审视幼儿园课程建设，另一方面还能够对幼儿园课程建设发挥监督和评估的作用，让园外团体和个人成为幼儿园课程建设的主要参与者，可以为幼儿园课程建设出谋划策。

家庭是社区的细胞，幼儿园与家庭合作，也是幼儿园与社区合作的一种形式或途径。由于不同的家长从事不同的行业，具有不同的经历、职业特点、专业背景，本身即是一种活资源、活教具，能够为幼儿园在社区资源整合和课程建设中起到推波助澜的作用。另一方面，家长作为幼儿教育的直接受益者以及儿童日常最为主要的接触者，对幼儿园日常教学活动是除教师之外最为切身的感受者。因此，家长本身有能力也有必要参与幼儿园课程建设和规范。幼儿园可以考虑通过成立家长委员会的形式，组建“家长智囊团”，协同教师共同为幼儿园课程建设添砖加瓦。

社区内蕴藏着丰富的教育资源，其中就包括一些具有专业技术和专业知识的专业人士，其本身所从事的工作和职业同幼儿园日常教育教学存在部分交叉，如社区医生、幼教专家学者、消防安全部门等，这些人都有能力为幼儿教师某些方面的专业发展以及幼儿园常规教学和管理提供具体的指导。因此，幼儿园可以将这类人员组成多个稳定又各具特色的“导师组”，或参与幼儿园具体的课程实施过程，为幼儿教师提供专业性示范；或对幼儿园日常教学进行指导，开展专业性讲座，全面提升幼儿园教学和管理水平。如我们在实践中就邀请了儿科医院的专家为教师做了题为《儿童意外伤害的紧急救治》的专题讲座，邀请中部战区眼科医生进行《保护心灵的窗户——爱眼护眼知识》的专题讲座，以此提升全园保教工作者和家长的保育技能和专业意识。

（四）幼儿园整合社区资源的方法

1. 引进法

引进法简单地说就是幼儿园根据自身教育活动需要，把社区内的一些人力、物力、自然、文化等方面的资源引入幼儿园，直接为幼儿园的教育活动服务。引进法的主要特点是幼儿园教育活动开展的场所只局限在幼儿园内部。如为了加强孩子们的安全意识，特别是幼儿的交通安全知识，我们邀请了一位职业是交通警察的家长来给孩子们上交通安全标记课。而对于一些难以直接引人幼儿园的社区资源，则利用视频、多媒体等手段，将之制作成图文并茂的教学材料来实现其教育价值，如针对社区里各种各样的诸如停车、转弯、禁止入内、警务标识等标记，用电子采集的方法，把它们拍成照片或者录像，再放入幼儿园的课程资源之中加以利用。

2. 借用法

借用法是指幼儿园借用社区内的一些无法直接引入的资源，以保证幼儿园活动的正常开展。在此，主要是借用一定的设施、设备和场地等。如幼儿园在开展亲子教育等需要较大的空间场所的活动时，通过良好的沟通和协商，将附近小学的操场开辟为活动场所，并在相关器材等方面得到了小学相应的支持，从而弥补了幼儿园现有资源的不足，保证了教学活动的正常开展，实现了社区内资源的共享。

3. 参观实践法

参观实践法主要针对的是一些注重让幼儿通过体验来接收一定知识信息的教学活动。由于这类教学活动本身需要一个整体的教育环境支持，而其中涉及的诸种教育元素又无法进行简单的切割和独立展示，为此，就需要带幼儿去亲身体验和参观，以感受其中蕴含的多种教育元素。如为了让儿童初步理解和感受商品交易的过程，在大班主题活动“今天我当家”中，带孩子们到菜场买菜。孩子们通过自己购物的过程，认识了货币，了解了买卖，认识了各类菜名，同时与叔叔阿姨的交流以及儿童之间的合作购物，为儿童形成与他人交往、合作的良好关系奠定了基础。

4. 变废为宝法

变废为宝法是将一些废旧的资源引入幼儿园，通过教师对其进行再加工、再利用，使之服务于幼儿园环境、教学活动、游戏等。如在“环保小制作”活动中，教师对收集的废旧材料进行再加工，制作成一幅幅精美的作品张贴于墙面，既丰富了幼儿园环境，又让资源再次得到利用，能够很好地激发幼儿的环保意识。

第四章
淬砺教育园本课程案例

第一节　淬砺教育活动优秀论文、案例

一、优秀论文精选

园本教研促进教师专业成长

作者：陶芳　　写作日期：2018 年 10 月

园本教研活动是幼儿教师专业成长的重要途径，也是最直接的途径。每一次教研活动后，幼儿教师对自己的角色定位更加明确，也越来越清晰地感悟到教研的魅力和研究的快乐。

（一）促学习：让教师变得更主动

幼儿园的教研活动般分为以下环节：提出问题（提出教师集体讨论的有待解决的问题）、组织学习（找到解决问题的经验，组织大家学习）、研究讨论（针对所学经验进行研讨，反思工作中的不足，讨论解决办法）、布置任务（布置下次教研需要准备的内容）。比如幼儿园开展的一次主题

为“淬砺教育游戏中，教师怎样进行有效评价”的教研活动，主题确实是教师们平时教学中遇到的问题，多个教师遇到此类问题，意识到必须马上解决。在教研的过程中，结合园所实际，教师积极探讨并参与研究，提出了很多有效的评价策略，最后园长再提炼总结，这一问题得到有效解决。

教师在共同教研中，分享交流的喜悦与乐趣，互相学习，共同提高。教师变得敢说了、爱说了，也有效地提高了教师的学习积极性，做到问题真正来源于实践并还原于实践这一教研初衷。

在日常教学中，我们有很多困惑：什么是新型的师幼关系？如何有效提高师幼互动水平？教师怎样提问？生成课程与预设课程如何协调？如何进行反思？教师如何适时地接过幼儿“抛过来的球”？为了找到这些问题的答案和理论支撑，借书、上网查资料成了教师的主动行为。教研让教师主动学习。

（二）促反思：让教师学会研究

教学反思是教师专业学习与全面发展的过程，它不仅能促进幼儿的发展，也全面促进教师素质的提高，帮助幼儿教师成为研究型的教师。

在反思教学中，教师应该有这样几种角色：观察者，即教师要善于发现教育实践中的各种典型事件以及有价值的教育问题；记录者，即教师要及时记录下教学中的一些事件、经验，为反思积累丰富、翔实的第一手材料；学习者，即带着问题进行学习，在学习中把自己对教育问题的思考转化为文字，勤做读书笔记，并通过新知识的学习增强自己的问题意识，使自己更善于发现问题。

教师作为观摩活动者，从之前关注教育目标逐渐向关注孩子的表现转变。去年的一次教研观摩活动让我记忆犹新。幼儿进行《小司机运果果》的淬砺教育游戏，小朋友们扮演“小司机”钻过“山洞”，拖拖车然后绕回“果树林”装“果果”再将“果果”运至“果行”。小朋友们扮演“小司机”，非常开心地和教师一起玩游戏，场面很是热闹。但是在热闹之余，教师发现一个很严重的问题：游戏场面很混乱，有的小朋友拖着拖车在“山洞”上踩来踩去；有的小朋友不知道“果果”应该放到哪边。教师也忙得不可开交，最后，整个游戏在混乱中结束了。

集体评课交流时，教师们都发现了这个问题，异口同声地说，场地设置还需要仔细斟酌。在体育游戏中如何设置场地？大家认为，游戏混乱的原因在于情景创设并不能为整个游戏线路服务，让小朋友们拖着拖车走了很多弯路，所以大大影响了游戏的顺利开展。教师建议将“果树林”和“果行”的调换位置，也就是将游戏线路改为小朋友们从“果行”出发，然后“钻山洞”到“停车场”去“拖车”，再到“果树林”装“果果”后从“山洞”旁回到“果行”，完成任务。经过修改，这次的新淬砺游戏整体感觉很有序，包括场地设置及小朋友的表现，特别是小朋友的积极性有了明显的提高，大部分小朋友都顺利完成“运果果”的任务。

教师作为执教活动者，将教学计划从单纯的静态执行逐渐向动态调整转变。对淬砺游戏《爱心大传递》进行第二次案例研讨时，我们研究的主题是“体育活动中，怎样引导幼儿自由建构规则”。有一个游戏环节是请幼儿自由铺路去救“灾区”的人。由于小朋友们在一次游戏时已经有了铺路的经验，也都能遵守规则进行游戏。中规中矩地按照“套路”游戏，小朋友们没那么快乐。教研活动中，通过集体间的相互讨论，教师们为活动提出了建议和金点子：“为何不让孩子自主讨论、商议路上会出现什么样的情况？从而引导他们重新建构规则？”“为什么不让幼儿自己带着任务去找问题，从而建构出新规则？”“为什么不用竞赛游戏的形式引导幼儿遵守规则呢？”于是教师们根据提出的策略，对活动过程进行了修改和完善，完善后的游戏过程激发了幼儿的创造力和想象力，同时教师也将心得策略还原到教学实践中，大大增加了教研的有效性和实践性。

（三）促和谐：让教师更加幸福

教师在教研活动中，可以获得来自同伴的意见和建议。而执教者的单打独斗式的自我反思只是单纯的内省，难以深入提高专业成长。通过开展借助同伴观察和行动研究的教研活动，教师的思路会更清晰；交流和反馈会激发教师更深入的思考。每位教师都渴望成长，更渴望理解。教师都有自己的想法，他们希望别人能和自己真诚交流，在此基础上分析、研讨教学中出现的一些问题。在集体的帮助下，教师能更快地找到问题的症结和解决问题的办法。管理者和实践者在一起，集思广益，形成观点的碰撞与交流，使反思更加全面和深入。

良好的合作氛围为教师个人的成长提供良好的环境。知识是在合作与分享中不断产生和发展的，所以教师的成长必须在一定开放的、对话的教师团体中才能得以实现。如果教师间缺少交流与合作，就使得教师的成长往往处于一种孤立无助、独立奋斗的艰难状态中。

研究之路任重而道远，每一次自我反思之后的升华和进步、初获成功之后的充实与幸福，远非锦衣玉食所带来的满足可比拟。园本教研让教师明白了教育工作的真正境界，也给教师的专业成长提供了无限空间。教师在长期的教育教学实践中不懈努力、实践、不断完善，成就最好的自己。

浅谈教师在淬砺教育活动中的关注点

作者：陶芳　　写作日期：2018 年 2 月

原国家教委体育卫生与艺术教育司司长曲宗湖在我国学校体育教学改革提出：“学校体育要促进学生的身体发展，增加学生的体育意识，培养学生的体育能力，为终身体育奠定基础，使学生终身受益。”那么，到底何谓终身体育？我国体育理论专家认为：“所谓终身体育，是指一个人终身进行体育锻炼和接受体育教育，即要在人的一生中实施体育。”依据终身体育的观点，体育将持续人的一生，它将是学前体育、学校体育和社会体育等体育教育层次构成终身体育的教育全过程。因此，学前体育将成为学生终身体育的基础阶段。

（一）终身体育的涵义和结构特征

终身体育是 20 世纪 90 年代以来在体育的改革和发展中提出的一个新概念。终身体育，是指一个人终身进行身体锻炼和接受体育教育。终身体育的含义包括两个方面的内容：一是指人从生命开始至生命结束中学习与参加身体锻炼，有明确的目的性，使体育成为一生中始终不可缺少的重要内容；二是在终身体育思想的指导下，以体育的体系化、整体化为目标，为人在不同时期、不同生活领域中提供参加体育活动机会的实践过程。

终身体育是依据人体发展变化的规律、身体锻炼的作用，以及现代社会的发展不断对人提出的要求，伴随着终身教育的发展而发展起来。人体的活动规律要求身体锻炼必须经常坚持，如不能持之以恒，就不能产生持续的锻炼效果。现代社会的生活方式要求身体锻炼成为人们日常生活的组成部分，成为现代生活的重要组成部分。同时，根据一个人的不同发展时期，如幼儿园、小学、中学甚至大学，从青年时期一直到中老年时期，和不同人群的特殊阶段，都要求终身体育有科学的指导，都需要建立与完善终身体育的组织体系。

图 4–1　走平衡

（二）幼儿园体育对实施终身体育的作用

体育应伴随人的一生。如果我们把人生中的身体锻炼活动分成若干个环节的话，那么幼儿园体育在终身体育整体中，刚好处在连接家庭体育和社会体育的中间环节。幼儿园体育对实施终身体育起着很重要的作用。那么，在幼儿园里接受教育的孩子，正处在身体生长发育的旺盛时期，如果在这个关键阶段，施以科学的体育方法，就能促进他们在身体朝正常的方向得到良好的发展，为一生的健康生活和工作打下良好的体质基础。

其次，幼儿园时期又是人的一生接受系统身体教育最长、最有时间保证的阶段。此外，幼儿园体育教育还培养了人终身从事体育的能力，提高了实践环境，并让他们认识到体育活动是终身体育锻炼的基础阶段，是终身体育的一环，使幼儿对体育有初步的认识，最终成为自我锻炼的指导者和终身体育锻炼的受益者。

（三）幼儿园淬砺教育对实施终身体育的要求

1. 培养儿童的体育能力，树立终身体育观

健康教学改革，首先是教育思想上的变革。要着重对幼儿终身健康能力的培养，使他们既学到全面的知识与技能，又能有一两项突出的、热爱的、可以坚持终身的体育项目，培养幼儿终身喜爱活动的态度和能力，正确的体育观点和审美能力；培养幼儿独立锻炼和自我评价的能力，自我设计健康锻炼计划和自我组织与管理的能力，运用幼儿园淬砺环境和条件的能力，在自我参与中，获得自我发展。

2. 培养儿童的自我锻炼能力

培养幼儿的自我锻炼能力，是幼儿园健康教学的重要内容之一，也能帮助幼儿养成与掌握终身进行锻炼身体的意识、习惯和能力。自我锻炼能力如何与常规教学有机地结合在一起呢？应注意全面培养幼儿的自我锻炼能力，将自我锻炼能力始终贯穿于整个教学和游戏过程。教师在教学中，除了技术教学外，要着重培养幼儿的认识能力和情感态度，使幼儿真正懂得健康锻炼的意义、作用和有关的健康知识，充分激励幼儿的学习兴趣，发挥幼儿的主观能动性，调动幼儿的运动兴趣，促进幼儿锻炼的积极性、自觉性。同时，在淬砺教学中要特别培养幼儿能在独立锻炼过程中，对练

习的次数、运动时间、运动强度、动作的自我纠正等有较好的自我调控能力，主动积极地锻炼，从而使幼儿自我锻炼成为自己的自主活动，身心在不知不觉中得到发展，这为以后幼儿的终身健康打下良好的基础，使幼儿终生受益。这也符合现阶段所提倡的幼儿能够掌握健康教育的基本知识和运动技能，学会学习淬砺教育中的基本方法，形成终身锻炼的意识和习惯，选择自己喜爱的活动项目，体验锻炼身体的乐趣，从而提高对淬砺教育的态度和兴趣，拥有健康的体魄。

（四）面对如此多的影响因素，教师该如何给予幼儿有效的关注呢？

以下就一个中班幼儿淬砺教学活动“平衡练习”的记录来谈谈教师在淬砺教育教学活动中的关注点。

环节 1：教师组织幼儿进行准备活动。

教师把幼儿带到已布置好的场地，请幼儿观察并列放着的六条平衡木（三条矮而宽、三条高而窄）。

图 4–2　走平衡

环节2：教师让幼儿自己选择平衡木并尝试走过去。

教师布置任务后，很多幼儿便开始在自己选定的平衡木后排队，准备练习。三四分钟后，一男孩首先在矮平衡木上慢跑，另一男孩看到了，叫道“看我的”，并在矮平衡木上做跳跃动作。他们的大胆尝试引来了周围小朋友的喝彩。教师见状马上大声斥责：“快下来！谁叫你们这样做的！小心摔下来！再不好好练习的话，等会就不要玩了！”两个男孩只好从矮平衡木上下来，到高平衡木上走。

在这一环节中，还有五个孩子不停地东张西望，每次快要轮到他们时，他们马上又排到队伍的最后面，但教师一直没有发现这一情况。此外，在幼儿练习的过程中，教师不时地看手表。

环节3：教师组织幼儿做“搬家”游戏。

教师提供了很多辅助材料，要求幼儿每次搬运一件物品经过“小桥”（平衡木），到“河”对面的“新家”。

在最边上的高平衡木上，一个女孩把小枕头顶在头上，小心翼翼地走过平衡木，并喊着：“老师！看我的！”教师没有作出反应。这时，一个男孩拿着一串灯笼，在平衡木前犹豫不决。教师见状说道：“快点！”在教师的催促下，男孩慢慢地走上了平衡木。“抬头，看着前面，不要弯腰……”教师在一旁指导着。

练习了几分钟后，两个男孩把一条高平衡木架到矮平衡木上，小心翼翼地在架起的平衡木上走起来。教师发现这一情况后，马上跑过去把男孩从平衡木上抱下来，并生气地问：“是谁先这样做的？谁让你们这样玩的？”

在上述案例中，教师的关注点主要指向三个方面：一是幼儿的安全，二是活动的程序，三是幼儿的动作练习。照理说，教师关注这几个方面并没有错，但问题是这位教师因过度关注这些而忽略了其他一些重要的因素，走入了指导的误区。如教师过多地关注幼儿的安全问题，经常“约束”他们在活动中的大胆尝试：不允许幼儿在平衡木上跑、跳，当看到幼儿尝试把平衡木架起来练习时立即加以斥责。又如，教师过多关注活动的程序，忽视幼儿的活动表现：不止一次地看手表，以确保活动“按时”开展；对很多幼儿的表现（如不敢走平衡木、尝试新玩法等）未予以重视和关注。注重幼儿的动作练习及指导，忽视幼儿的情感需要：在整个教学过程中，教师一直用语言指导幼儿进行动作练习；当发现一个男孩在平衡木前犹豫时，教师督促他马上走上平衡木，对于男孩眼中透露的胆怯及不安不予注意，等等。

这些误区导致教师没能支持幼儿的自我挑战活动，难以使幼儿获得成就感；没有及时发现幼儿在活动中的表现并作出反馈，难以激发幼儿的活动兴趣和自信心；没有注意到活动中部分幼儿心理负担过重的问题并加以引导，难以使幼儿体验到活动的乐趣，并产生积极的情绪体验。我们知道，幼儿淬砺教学活动大多在户外开展，开阔的场地、四处分散的幼儿、随时可能产生的安全隐患等都给教师的有效关注带来了挑战。

图 4–3　爬的练习

1.“约束”与“放手”

幼儿淬砺教学活动的重要目标之一是激发幼儿参与锻炼的积极性，因此如何激发幼儿锻炼的兴趣应成为教师的一个关注点。如在上述案例中，有两个男孩率先在平衡木上做跑跳动作，另两个男孩子尝试把高平衡木架到矮平衡木上进行练习，这些都源于他们对自我挑战的需要。教师出于安全考虑“束缚”幼儿，表面看来似乎可以减少安全事故的发生，实际上剥夺了幼儿尝试的机会，使他们无法尽情地活动，无法体验自我挑战带来的成就感，从而对参与体育活动失去兴趣。因此，适当“放手”，让幼儿自我探索、尝试是很有必要的。

2.“活动程序化”与“重视幼儿表现”

应该明确的是，幼儿的表现才是教师关注的重点，教师是依据幼儿的表现来调控活动进展情况的，“活动程序化”不利于幼儿的发展。在案例中，教师在设计活动时就把各环节所用的时间定了下来，在活动中不时地看手表以调整活动节奏。由此可见，教师调整活动的依据并非幼儿的表现，而是自身的需要。如有五个幼儿一直在逃避走平衡木，教师一直未予关注，更不要说去探究幼儿行为背后的原因；又如有一个女孩发现了新玩法，希望得到教师的肯定，教师却视而不见。由于教师的忽略，很多幼儿在活动中因缺乏及时的反馈、肯定及关注而降低了对活动的兴趣。

3.“指导动作练习”与“关怀幼儿情感”

在幼儿淬砺教学活动中，有的教师常常将关注点放在幼儿动作技能的学习上，比较忽视幼儿的情绪情感体验。但是，随着幼儿教育改革的深入，教师越来越重视培养幼儿参与淬砺教育教学活动的意识和兴趣。当幼儿在活动中有所创新时，教师应及时给予肯定；当幼儿在活动中有所进步时，教师应及时表扬；当幼儿有所畏惧时，教师应及时给予鼓励及引导。而在案例中，当男孩拿着一串灯笼在平衡木前犹豫时，教师不仅没有察觉他的害怕情绪并给予引导，反而催促他，并在小男孩慢慢地走上平衡木后，不断地以“抬头，看着前面，不要弯腰”等语言加以指导。其实男孩此刻最需要的不是教师对自己动作的指导，而是教师对自己焦虑情绪的察觉、关注，他渴望得到安慰及支持，从而排解紧张的情绪，勇敢地在平衡木上练习。

总之，幼儿淬砺教育教学活动对幼儿的发展具有重要影响，如何发挥其作用，关键是看教师能否做一位细心的关注者。在活动中给予幼儿有效的关注和引导，是幼儿在幼儿园期间能够掌握体育与健康的基本知识和运动技能，学会学习体育的基本方法，形成终身锻炼的意识和习惯，选择自己喜爱的活动内容，体验锻炼身体的乐趣，从而提高对活动的态度和兴趣，拥有健康的体魄和健康的心理。

支持幼儿开展户外挑战性游戏的实践探究

作者：肖玉　　　写作日期：2017 年 12 月

游戏是儿童的基本活动，具有挑战性的游戏不仅能激发幼儿的游戏兴趣与欲望、提高幼儿的动作技能，更是能培养幼儿的独立、勇敢、坚强、坚持、自信等意志品质。通过实践与思考，以下将从打造户外淬砺游戏场地、创设淬砺游戏情境、提供有层次性的各类材料、跟踪观察记录四个方面来阐述教师支持幼儿开展户外挑战性游戏的实践方法。

（一）打造户外淬砺游戏场地，支持幼儿挑战性游戏的萌生

"淬砺"是淬火和磨砺以使刀剑坚利，比喻刻苦磨炼。"淬砺教育"是能锻炼体能、培养幼儿勇敢坚强品质、锤炼其精神的活动。如何打造具有挑战性的游戏场地，其中淬砺环境不可缺少。如何让幼儿拥有自己喜欢的游戏场所和游戏材料，也是我们在打造户外场地时一直关注的核心点。

首先，在打造淬砺环境的前期调查中，我们让全体幼儿参与其中，设计户外区域调查表，请每一个幼儿选择自己最喜欢或认为最具挑战性的游戏区域和材料，给予幼儿充分的自主权。然后，依据调查问卷的结果，分析原因，基于幼儿的兴趣点打造了三环式主题户外环境，如内环米奇操场中的体能大循环场地，主要针对幼儿的体能和运动技能进行训练，同时也可让幼儿在场地上利用各类材料进行挑战游戏；中环中的游嬉山、戏水池主要从山坡和水池方面创设情境和提供材料，支持幼儿开展挑战性游戏；外环中的挑战树屋主要锻炼幼儿的动作技能，两棵树中间的滑索挑战着孩子们的勇气，我们在打造这些环境时融入淬砺教育思想，探索"真、野、趣"的淬砺活动，来锻炼幼儿的体能，磨练意志，健康身心。

（二）创设淬砺游戏情境，支持幼儿挑战性游戏的触发

游戏情境的创设是一项复杂的活动，而淬砺游戏的情境更是要基于以幼儿的年龄特点和“最近发展区”为重要的理论依据，创设的情境要能激发每位幼儿的体育潜能和挑战意识，支持幼儿挑战性游戏的开展。

1. 创设能提高幼儿动作技能的游戏情境，激发幼儿开展挑战性游戏

中班年龄段幼儿相较小班开始萌发自己的想法且更有主见，更想尝试有一定挑战性的活动，创设有一定动作技能的游戏情境，更能激发幼儿参与的主动性和探索欲望。如在游嬉山场地，开展“给小鸟送食物”的攀爬游戏，幼儿需上树杈给鸟窝里的小鸟送食，这就非常具有挑战性，能激发幼儿想要去尝试的意识，同时锻炼了幼儿的攀爬动作技能；在山坡顶的飞机处创设“老鹰捉小鸡”的抓躲情境，幼儿扮演“老鹰”，腰间围着从飞机上拉下的腰带抓山下的“小鸡”，在使劲伸手捉和躲的过程中，也让孩子们兴趣盎然，在这个过程中，幼儿身体协调性、平衡控制能力以及灵活闪躲能力都得到了锻炼；在挑战树屋处，创设“集体大营救”的营救情境，幼儿需要从滚动的滚轴处攀爬上树屋，营救同伴后再从爬网处下树，对幼儿的上下肢力量都是一种挑战与锻炼。

2. 创设能锻炼幼儿心理意志品质的游戏情境，促进幼儿挑战性游戏的开展

通过我们的观察，现在很多幼儿在困难面前总是会出现胆怯、怯懦、直接放弃或经受不住挫折的情况，因此在户外利用创设的挑战性情境来提升幼儿的心理意志品质是行之有效的办法。如在戏水池创设“捉泥鳅”的淬砺情境，对幼儿的心理就很具有挑战性，怎样克服内心的恐惧抓到泥鳅对幼儿是一种勇气的锻炼，幼儿想捉泥鳅，但又害怕，摸了一下泥鳅就迅速缩回手，在准备寻求同伴帮助的过程中，很多幼儿又独自回来克服恐惧，成功将泥鳅抓起，这对于幼儿的自信心是一个极大的挑战和提升。再如，在水池上利用荡桥创设“运水”的游戏情境，幼儿要思考怎样既可以保持身体平衡、协调，同时又不让水壶里的水洒出来，这对幼儿的心理也是一

种考验，孩子们拎着装满水的水壶在摇摇晃晃的荡桥上克服内心的害怕，勇敢走过荡桥，将水倒进大水桶中，在这个过程中，孩子们的勇气、坚持都得到了锻炼。

（三）提供富有层次性的各类材料，支持幼儿挑战性游戏的开展

陈鹤琴先生指出：“玩具是儿童的生命。”这说明了幼儿的游戏离不开玩具和材料，材料与游戏有着密切的关系，材料是游戏的物质基础，是幼儿游戏不可缺少的支撑。那么，在挑战性游戏中，材料更是不可缺少的，而具有挑战性的材料更可以引起幼儿的好奇心和探索欲望，同时也能激发幼儿创造性地与材料进行有效的互动，在运用不同材料开展游戏的过程中，带来新的刺激和挑战性。同时，在提供材料的过程中，教师也应关注幼儿的能力水平和最近发展区，合理预估幼儿挑战的难度，进行有层次的材料提供，满足不同幼儿的挑战需求。如在游嬉山提供各种类型、长度不同的梯子、板子，大小不一的油桶，双轮小推车，独轮小推车，大球，小球，软球，孔球等材料支持幼儿创造性地开展挑战游戏，如幼儿在山上“摘果果”的过程中，遇到困难摘不到，于是几人一起合作，挑战重量，一起奋力推大油桶上山，齐心协力摘到果果；另一个场景中，几个能力稍弱的孩子选择推小油桶上山，大小不同的材料满足了不同水平幼儿的挑战需求。在戏水池区域，在一度游戏中，为了帮助幼儿克服心理恐惧，提供了长网、短网、小桶等工具，帮助幼儿捉泥鳅，幼儿利用这些工具降低了难度，基本都能捉到泥鳅，在二度游戏时，不提供其他辅助材料，只在水池周围提供大桶，幼儿徒手捉泥鳅，便大大增加了挑战性，我们会发现孩子们都跃跃欲试，能力强的孩子能很快徒手捉到泥鳅，能力稍弱的孩子会通过自己的方式想办法捉泥鳅，在两度游戏中，材料层次的递减也让幼儿的游戏变得更为精彩。

在富有层次性的材料提供中，每个幼儿都能与之进行有效互动，每个幼儿都表现出了自己的最佳运动能力和胆量，发展了幼儿的运动潜能，提升了心理意志品质。

（四）聚焦跟踪式观察记录，支持幼儿挑战性游戏的调整实施

我们在瑞吉欧课程里提到了教师的记录、观察，瑞吉欧课程重视对幼儿进行动态的、形成性的评价，教师在幼儿游戏的过程中持续而细心地观察、倾听幼儿，通过使用如笔记本、观察记录表、照相机等各种工具对幼儿的活动进行记录，然后对它们进行整理、分析、评估，并在此基础上开发新的课程，支持每个幼儿的发展。

教师的跟踪式观察记录对幼儿的挑战性游戏也起到了重要的作用，在持续地观察、记录的过程中，教师能了解幼儿的各项运动水平和心理因素，分析、解读幼儿的游戏行为，能基于幼儿发展水平设计相应的活动，为幼儿提供适宜的挑战。并且观察记录还可以让教师在看到儿童的游戏表现后立即做出回应和评价。在支持幼儿挑战性游戏开展的过程中，教师们根据前期的观察、罗列、思考，制定出了问题线索，方便在后面的跟踪观察中进行有针对性的记录。如：教师在户外活动中根据两个问题线索——创设的环境和提供的材料是否具有挑战性？幼儿是否对新材料产生兴趣，并能在运用新材料的过程中解决问题？我们的预设是否有效？对幼儿的挑战性游戏情景进行记录，活动结束后进行问题的分析与梳理：哪些材料的提供是适宜激发幼儿挑战性行为的，哪些是不适宜的？哪些淬砺情境促进了幼儿心理品质的提升，哪些有待斟酌？幼儿在游戏过程中创造性地进行了哪些挑战？发展了哪些动作技能？根据这些分析，教师对幼儿的游戏行为进行分析与评价，并思考在下一次的情境创设和材料投放中，怎样才能做到挑战适宜，更好地支持幼儿挑战性行为的发生。

总之，如何能有效地支持幼儿挑战性游戏的开展是一个长期的实践工作，需要我们不断地去实践和探究，下一步将从淬砺情境的进一步创设，幼儿挑战性行为的解读，自主性区域游戏中的幼儿的挑战性等方面去实践，探讨更多有效促进幼儿挑战性游戏开展的方法和策略。

二、安全教育案例精选

消防安全教育——“不怕黑”

作者：印传芳　　　写作日期：2018 年 3 月

为确保幼儿园无任何消防安全事故，结合我园淬砺课程，每学期我园都开展消防安全演习活动。2018 年 3 月 15 日，这天的消防演习除了常规的项目以外，还新增了模拟逃生通道“小黑屋”，主要为了锻炼孩子们心理抗挫能力，让孩子们不怕黑，遇到火灾时一定要保持冷静，在大人的带领下按照消防逃生要领安全撤离。

上午 9：00，当户外响起了消防预警信号时，全体幼儿在教师的带领下手握湿毛巾，从各个指定的安全通道撤离到安全地带，到达后各班消防员叔叔介绍灭火器使用方法。

图 4-4　消防员来园进行消防演习

教师第一时间清点了幼儿人数，无一人滞留在危险地，整个撤离时间为 2 分 30 秒，随后我们向今天的消防总指挥报告了撤离情况，然后消防员叔叔现场带全园小朋友及教师温习了灭火器的使用方法，并请个别代表进行了实操演习。

接下来园长妈妈介绍了新增演习项目——“小黑屋”，孩子们看着这个突如其来的红色充气房子，感到不知所措，他们的眼神中有好奇、担心、害怕和茫然，到底是进去还是不进去呢？消防员叔叔看出来了孩子们的心事，四位专业的消防员叔叔一边介绍这个红色“小黑屋”，一边和孩子们做了一个“屋子约定”后进入里面，为了让孩子们在心理上有准备，首先我们带孩子们用小手触摸小屋子，然后就看着园长妈妈率先进入“小黑屋”体验，孩子们看着从黑屋走出来的园长妈妈，心中的恐惧打消了不少，接下来就是大、中、小班的幼儿在教师的带领下进入“小黑屋”，孩子们手握湿毛巾，弓着背摸着屋子墙角，孩子们在相互鼓励、壮胆、摸索中一步一步，终于走出了“小黑屋”，当看到阳光的那一刻，孩子们的脸上洋溢着成功的喜悦。在此过程中，有个别小班的小朋友哭了，为了不给孩子们留下恐惧，消防员叔叔拿着手电筒，带着哭了的孩子又走了一次，最后这些孩子出来的时候非常开心。虽然这只是一次演习，但我们相信这样的一次心理挑战对于他们来说是非常有意义的。

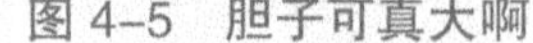

图 4-5　胆子可真大啊

图 4-6　消防员叔叔在讲解消防知识

最后消防员叔叔对成功穿越“小黑屋”的所有宝宝进行了肯定，并给出了热烈的表扬，孩子们被认可后，脸上再次流溢着骄傲的笑容。消防员叔叔还向我们展示了消防水枪、消防车上的装备，还让孩子们、老师体验了正确地穿脱消防服，以及防毒面具的使用。

一上午的演习时间很快过去了，在孩子们的声声感谢与期待中，消防叔叔还向我们勇敢的“小战士”们发放了消防安全手册，我们的消防演习也成功地结束了。

图 4–7　小朋友和消防员叔叔合影留念

淬砺安全生活体验——“不跟陌生人走”

作者：毛晚霞　　　写作日期：2018 年 5 月

在幼儿园的工作中，安全是重中之重，《幼儿园教育指导纲要（试行）》明确指出：“幼儿园必须把保证幼儿的生命和促进幼儿的健康放在首位。”由于幼儿年龄小，自我保护能力有限，需要成人的保护，更重要的是通过安全教育对幼儿进行主动自护的积极引导。我园在“十三五”淬砺课题的推进中，对幼儿自护能力的提升也进行了一系列的研究，以此来提高幼儿的心理防线，提升幼儿的抗挫能力。

图 4-8　陌生人给糖我不要

户外自主活动时，一位“陌生的阿姨”悄悄地走进了操场，她跟孩子们有礼貌地问好，孩子们也有礼貌地跟“陌生的阿姨”回应。阿姨开始跟孩子们有说有笑，突然她从包里拿出一包糖果分给围在身边的孩子们。年龄小一点的幼儿没有一点防备且开心地接过阿姨给的糖果，并表示要跟阿姨出去玩。稍大些孩子则提出了自己的疑问，表示自己不认识这位阿姨，不能要糖果也不能跟陌生阿姨走。

图 4-9　警察叔叔来园进行防恐防暴演习

最后警察叔叔给小朋友们做了总结，帮助幼儿认识生活中可能遇到的一些坏人和现象，帮助幼儿分析和判断，知道在生活中不能轻信陌生人的话，更不能跟陌生人走，让幼儿有了危机意识，也提升了他们的自我保护意识。

本次活动的开展主要是为了让幼儿能弹性面对逆境，在遇到陌生人的引诱时，能抵抗住诱惑，在逆境中学会保护自己，提升自我保护意识。同时也是对我园安全教育工作效果的一次检验，并提醒每一个人，身边的骗局越来越多，骗术越来越高明，孩子知道不能吃陌生人的糖果，如果陌生人用其他方式，幼儿又该如何应对呢？到底怎样才能让我们的孩子有安全意识，只有保持高度警惕，及时对幼儿进行防骗教育，将安全教育渗透到幼儿的一日生活中，才能不断增强幼儿的安全意识和自我保护能力，为每位幼儿撑起一把安全的保护伞。

三、优秀案例精选

（一）教研案例

从一个教研活动案例看“三审三议”园本教研模式

作者：陶芳　　　写作日期：2018 年 10 月

案例背景

2017 年 11 月，武汉市举办学前保育活动实验进园活动，在我园召开全市下园视导观摩活动。会上我园教研组展示了以“户外区域自主游戏中如何支持获得挑战性发展”为主题的园本教研活动。

近年来，我园探索尝试“三审三议”园本教研模式，积极拓展园本教研的内容与形式，重视用“审议”的形式解决教师实际工作中的共性问题，帮助教师“边审边议”指导自身实践，加速转变教师观念，优化教师教育行为，努力探索开放式的教育教学规律，从而构建园本课程体系。

2017 年，“十三五”省改规划课题《淬砺环境下提升幼儿抗挫能力的实践研究》的成功开题，更为园所发展注入了新的活力。

在两年多的课题研究和园本教研中，我们聚焦教师日常保教生活中的困惑和问题，采用“三审三议”的模式实施教研，有效推进了课程和园所建设。

图 4-10　教研组教师赴东湖绿道进行体验式教研

图 4-11　我园参与出版的健康领域书籍

一、概念解读

所谓“三审三议”，即对某一个主题三次审题，三次讨论，得出较全面正确的解决方法。配合“三审三议”，我园将全园教师分为课程领导小组、课程先导小组和课程实施小组。教研内容的选材为从问题库中挑选具有代表性的问题，由课程先导小组审议问题的价值，再由领导小组确定研究方向，最后由课程实施小组分年龄段实施教研。以下是我园一次典型的“三审三议”教研活动案例。

二、教研实践

针对本学期我园在户外开展区域自主游戏时的情况，收集各班教师在开展户外自主游戏时的困惑，从众多困惑里，我们挑选亟待解决的问题——“户外区域自主游戏中如何促进幼儿获得最大的挑战与发展”进行了“三审三议”教研活动。

1. 一审一议

主题：户外区域自主游戏中幼儿自主选择材料的行为研究。

游戏区域：幼儿自由在游嬉山自选器材进行活动。

活动现象：

（1）年龄大的个别幼儿选择重量较轻的器械在游嬉山上开展无目的式游戏。

（2）年龄小的幼儿选择在山下自由奔跑，而大部分幼儿不拿器材，只在山坡上跑上跑下，似乎没有器械也可以玩得很好。

研讨现场：

（1）幼儿行为的原因

教师 A：因为老师提前规定了要拿器材，所以有孩子就拿了，但是具体该怎么利用这些器材，在户外，幼儿觉得拿不拿器材对游戏本身没有什么影响。

教师 B：户外游戏不同于室内，不受空间的影响，户外任何大型玩具本身就是一种大型器材，孩子觉得不拿器材也是可以玩得很好。

（2）调整的方向

不带任何目的的玩其实是消耗幼儿的精力，他们短时间内会玩得很开心，时间长了就会显得无所事事，毫无意义。

2. 二审二议

主题：如何合理利用器材，引发幼儿挑战兴趣，提升幼儿运动能力。

游戏区域：投放小型器材如各类球，以及大型器材如滚筒、推车等滑动器材在游嬉山游戏。

活动现象：

（1）幼儿自选适合的器材，到自己喜欢的区域进行活动，大多数幼儿兴趣大增，随着玩的次数增多，幼儿人数增加，渐渐地他们失去了兴趣。

（2）大多数幼儿都去拿小型器材，以至于出现争抢现象，大型器材一人又玩不起来，所以很少有幼儿选择大型器材。

研讨现场：

（1）幼儿表现的原因

教师C：从幼儿的心理出发，如果大家都玩小器材，那样才会有朋友一起玩，所以出现争抢行为。

教师D：大的器材需要至少两人以上合作，但是没有人想到去合作玩，因为没有合作的必要，大型器材有或无，游戏依然可以继续，因为没有必须使用大型器材的游戏情境，所以应该创设合理的情境促使幼儿去合作，去挑战。

（2）调整的方向

如何进一步开发幼儿更感兴趣的环境和器材，使幼儿获得最大的挑战和发展。

3. 三审三议

主题：户外区域自主游戏中如何促进幼儿获得最大的挑战与发展。

游戏区域：提供不同种类、不同大小的器材，幼儿在游嬉山自由与同伴合作游戏。

教研插曲：

本次教研活动恰逢我园接待武汉市学前保育活动实验进园，来自武汉市各级幼儿园的专家、园长、骨干教师、优秀教研团队等都齐聚园内，共同观摩我们的第三次教研审议。

研讨内容：

游嬉山是孩子喜欢的户外游戏场地，老师们通过在前段时间不断的观察中，发现原有的环境和材料的挑战性已经无法满足孩子的需求了。在每天的重复游戏中，如何再次激发他们的挑战性呢？如何提升他们的游戏经验和水平？

图 4–12 下园视导活动展示

主持人：先导小组对环境和材料进行增加和改进，实施小组要在实施中对预设内容进行审议，我们第一个要审议的话题是：创设的环境和提供的材料是否具有挑战性？第二个要审议的话题是：幼儿是否对新材料产生兴趣，并能在运用新材料的过程中解决遇到的困难？我们的预设是否有效？

图 4–13 教研活动

人员分配：

（1）教研活动的园长和老师们：课程领导小组成员、课程先导小组成员和课程实施小组成员（先导小组和实验组）

（2）专家组成员：给教研组更多的思考和启发（皮匠组）

活动现象：

（1）在带有情境的游戏中，大型器材被几个幼儿一起合作推上山坡，相互帮助去采摘“果实”。

（2）幼儿利用木船和飞机之间的滑索运送“果实”，分工合作，俨然辛勤劳动的农民伯伯。

（3）幼儿推着小车在战壕里不停穿梭，拣起落下的“果实”，即使相互碰撞了，也只是笑着让路继续工作，还有人负责看守采摘到的“果实”，将“果实”分类摆放好。

图 4–14　小朋友合作将油桶滚上山坡

活动研讨：

实施材料提前一周就已经投放了，针对两个问题分成了两个组，通过一周的视频与图片来证明问题是否有值得继续的价值，预设是否有效，每组都有中心发言人陈述审议结果。

两组老师将拍摄的照片资料、视频资料进行汇总，围绕两个话题集中讨论。

研讨结论：

问题一中心发言人："我们组充分觉得创设的环境与提供的材料绝对具有挑战性。请大家观看视频，对比第二周教研和本次教研的现场，从最初只有几名幼儿在山上玩，对于提供的大型油桶视而不见，到今天，因为情境的增加，幼儿自发地看到了任务，发现了游戏的不同玩法，在有效的时间里乐此不疲地反复进行着不同的游戏任务。其中任务不乏需要使用大型器材，考验体力、团结合作能力的项目，在这其中，挑战性就不言而喻了。"

图 4–15　小朋友爬上树摘柿子

问题二中心发言人："针对这个问题，我们组想先介绍一下新材料，在上次教研的时候，我们只是提供了油桶，这一次，我们还提供了木梯、平衡板，同时我们在树上悬挂了一些'果实'，这些隐性的材料，都在提醒着幼儿观察发现，从而促使他们去尝试。尝试就必然会碰到问题，比如怎样上树去摘'果实'？该怎么摘到更高处的'果实'？于是就有了合作推油桶上山，选择谁站上油桶去摘'果实'等需要去协商解决的问题。幼儿在游戏中，是由内力驱使着他们去进行游戏，又由兴趣促使他们去继续游戏，其中也会有困难与问题，在与同伴的合作中，与同伴的协商中，所有的问题都迎刃而解。所以，幼儿对本次提供的新材料产生了极大的兴趣，幼儿也能够很好地协商解决在游戏过程中遇到的困难，我们的预设是成功有效的。"

不同的声音：

教师E："整个活动中，只有摘'果实'这一行为才具有挑战性？"

教师F："我个人觉得不是，与他人合作拉滑索，抬木梯上山，想办法送油桶上山，推小车在战壕里负重前行，我觉得每一样都很有挑战性。"

教师G："混龄的户外活动，教师是不是应该针对不同年龄的幼儿有不同的侧重点，虽然游嬉山的存在就是给大孩子玩的，但是我们应该尊重更多的低龄幼儿想参与游戏的心情。"

图 4-16　两人合作滚油桶上山坡有些吃力

教师H："是的，所以后续我们应该研究一下，如何构建一种适合全园混龄幼儿进行的游嬉山的自主游戏，在你中有我、我中有你的美好状态下，幼儿园的户外活动一定会更丰富，更人性化，也对任何年龄段都有挑战性。"

专家评价："研究方法合理，具有推广和借鉴价值，创造了许多有益的经验。"

更有专家称赞道："湖北省实验幼儿园做的是咱们中国的幼教，是适宜孩子发展的，培养的是优秀的中国儿童。"

研讨结论：

游嬉山的环境和材料具有一定的挑战性，给孩子营造问题情境，让他们通过解决问题提升他们的经验。但材料还需要进一步调整和完善。

活动调整：

在材料的提供上，可以提供短一点、着力点更好的木梯，使幼儿可以独立辅助他人上木梯，也可以提供较小的油桶，让孩子只需要两三个人合作就可以完成，因为油桶太大，除了需要更多的孩子，教师在这个过程中，也会不得不进行一定的介入，希望所有的游戏都是孩子自主游戏的成功体验。让游戏真正回归到幼儿，管住教师的手，管住教师的嘴，放开幼儿的手，迈开幼儿的腿。

图 4–17　小朋友合作将梯子搬到山上准备爬树

终极审议：

自在游戏山水间，一草一木总关情。基于对孩子的游戏情况观察，综合教研组成员一审、二审、三审的意见，园长宣布，户外自主区域游戏之游嬉山、戏水池通过课程审议，正式纳入我们的淬砺课程体系。

同时园长做了最后的审议陈词：今天的教研现场，全体成员各抒己见，围绕问题不断改进、形成对策，这正是课程审议的追求，也是教师砥砺前行、实现专业成长的过程。

三、教研反思

每一次教研活动都是教师智慧火花的碰撞。研训促进教师成长，研训促进了课程的进一步发展和完善。

“三审三议”教研模式使教师对活动有了延续性思考的能力，提升了教师自我思考的能力。它是助推教师专业成长的有效途径。每一次审议结束，我们都带着新的问题与困惑开始下一次的审议，而每一次的审议又是在前一次的审议结果之后进行改进与创新的，不再是为了想问题而去想，为了教研而去教研，是真正从孩子的需求、教师的认知着手，在一次次讨论与思维的碰撞中寻找最适合孩子成长与发展的方法。

“三审三议”教研模式研究的“真问题”，使课程内容不断丰满，课程框架不断完善。

虞永平教授说：“不是所有的问题都值得进入审议程序，只有那些对课程实践具有重要意义的、真实的问题才值得审议。”所以课程审议不是面面俱到，而是要有重点地针对问题来展开。本案例中研讨的三个问题均来源于一线教师观察师幼行为后的真问题、真思考、真教研。

图 4-18　教研队伍

“三审三议”教研模式充分体现了以幼儿为本的大教育观。

整个活动内容是根据幼儿自主游戏的需要设定的，过程注重幼儿自己去创造，要点是幼儿自己探索的，经验是幼儿自己建构的。幼儿在淬砺环境中自由玩耍、自主发展，体能、意志品质显著提升。真正做到了以幼儿为主体，基于儿童、为了儿童、发展儿童。

1. 不断创生的课程让园所充满新的活力

我们的淬砺课程就是一场场“现场创作”，教师追随幼儿的兴趣和需要，不断地创生课程。课程创生过程是教师与幼儿共同成长的过程。我们每一位教师、每一位小朋友都在课程创生中充满活力，园所也因此而生机勃勃。

2. 自主挑战的游戏让幼儿尽享成长乐趣

孩子的成长中，自主自信是很重要的一种品质。《3—6 岁儿童学习与发展指南》在关于自主、自信方面指出，“引导幼儿敢于尝试有一定难度的挑战和任务”。户外自主游戏是很好地促进挑战的载体，孩子们在户外游戏环境中根据自己的兴趣和需要，以快乐和满足为目的，自由选择、自主开展、自发交流，天性自由释放，积极性、主动性、创造性得到充分发挥。而复杂的、富有挑战性的游戏，会让孩子更加专注、积极，体验成功的乐趣。本次活动中有大量身体动作方面的挑战——推油桶上坡、爬树等，在这些挑战游戏中孩子们身体素质和心理承受能力不断提升，健全人格得到主动建构。

3. 适宜适度的教育机制为幼儿发展保驾护航

高水平、有质量的游戏对老师提出了新的标准和严格要求，需要我们不断提升各方面的能力，如观察能力、解读能力、反思能力、生成能力、课程内容选择能力、适度介入能力，等等。

为进一步加强“三审三议”教研活动的有效性，在后期的工作中，我们还需在完善教研体系、形成教研评价机制上下功夫，确保教研为保教工作服务、为课程建设服务，为幼儿发展助力。“三审三议”教研让幼儿园的课程真正择高而立、贴地而行、落地开花。

（二）观察案例

淬砺观察案例：游嬉山上的猴儿们

作者：刘丹　徐金萌　孙小萌　　　写作日期：2018 年 12 月

案例背景

湖北省实验幼儿园由湖广总督张之洞创建于 1903 年，是中国公立第一园。百年前，张之洞老先生就提出了“保身体之健旺”，希望孩子从小就有健康的体魄、充沛的精力。116年后，孩子的健康依然是我们的首要任务，《3—6岁儿童学习与发展指南》中把“健康”放在首位，指出要培育愉快、主动、大胆、自信、勇敢、不怕困难的健康儿童。我园基于幼儿兴趣打造了充满挑战性的“三环式”户外游戏场，其中野趣区的“游嬉山”是孩子们最喜欢的游戏场地之一。

游嬉山由在三个不同高度的山坡组成，山坡上分别用实木制作了“实幼舰艇”“实幼直升机”“实幼越野车”。外围的壕沟蜿蜒曲折、有高有低，与宽窄不同的山洞相结合，充满野趣。山坡中设有“幽闭空间”，从弯腰进入洞口，到匍匐爬行钻出洞口，整个过程极具挑战性。但随着户外自主游戏的开展，孩子们对游嬉山的兴趣逐渐减弱，并以重复性游戏居多，甚至有时游嬉山上空无一人……

（一）猴儿们的“花果山”——幼儿兴趣、前期经验、环境创设

本学年，大二班小朋友开展了“基于绘本的创意表演游戏”特色活动，孩子们学习了绘本故事《大闹天宫》后，对孙悟空、花果山、小猴子等产生了浓厚的兴趣，并在区域游戏中，自由扮演角色，自主开展“清晨猴山”“猴王争霸”“大圣归来”“猴王练兵”等系列游戏活动。

图4–19 教研活动场景

在“猴王练兵”游戏时，“猴儿们”提出场地太小，“金箍棒”“筋斗云”施展不开。通过“猴儿们”的激烈讨论，大家想到了操场上的游嬉山，

准备将游戏移至户外进行。

游嬉山上的直升机被“猴儿们”搭建成了“猴王”的“宝殿”，舰艇变成了“水帘洞”，幽闭空间变成了“猴窝”……渐渐地，游嬉山变成了“猴儿们”的“花果山”。

（二）猴儿们的“玩具”——游戏材料、教师预期

“猴王”率领着“小猴子们”来到“花果山”，寻找自己需要的游戏材料：树枝变成了“金箍棒”，沙袋变成了“筋斗云”，刺猬球变成了“桃子”……游嬉山又恢复了往日的热闹。

图 4-20　幼儿园里的花果山升旗了

本次游戏中，除了“猴儿们”自己选择的“玩具”外，教师也有针对性地补充了新游戏材料：竹篓、拉绳、轮胎桶、油桶、“鸟窝”、担架、竹梯、平衡板、独轮车等。旨在通过新材料的提供，进一步激发幼儿的游戏兴趣，创设一个有挑战，能磨炼意志，同时能获得体能锻炼的淬砺环境，使孩子在磨砺中成长。如油桶、拉绳可以锻炼幼儿的上肢力量，还能激发幼儿的合作意识，让他们不断挑战自我，提升自我；“鸟窝”可以增加游戏的趣味性，加大游戏难度，引发幼儿的探究欲望……教师还提供了不同层次的游戏材料，如轮胎桶、铁制油桶、塑料滚筒等供幼儿自主选择，充分满足不同能力幼儿的游戏需求。

图 4-21 “新猴王推选”

（三）猴儿们的“游戏”——游戏玩法、教师预期

户外自主游戏的特点是自由、自主、自发。基于游戏需求，孩子们将游嬉山变身为“花果山”，引发“情境带入式”的户外自主游戏。

游戏玩法：以游嬉山作为主要的游戏场地，幼儿自主拟定游戏计划，包括设计游戏内容、确定游戏角色、选择游戏材料、建构游戏规则等，均由幼儿自己决定与实施。

户外自主游戏“猴王练兵”给予幼儿充分的自由、自主，释放幼儿天性，提升幼儿的运动能力、创造力和想象力；引发同伴间的合作意识，促进幼儿社会性的发展，培养幼儿坚持、勇敢、自信的良好意志品质。

1. 拟定游戏计划

首先，孩子们通过投票选出了“猴王”，由“猴王”组织本次“花果山”游戏并开启了他们的游戏之旅。

讨论 1：游戏内容有哪些?

根据“猴王”和“小猴子们”的商量，将游嬉山改名为“花果山”，确定了“山上摘桃”“空中运桃”鸟窝寻桃”“抬桃上山”等游戏。

图 4-22 合作帮油桶

讨论 2：游戏角色有哪些？如何分配？

“猴王练兵”的游戏中有“猴王”“老猴子”“大猴子”“小猴子”等角色，“猴王”由幼儿自荐，大家投票产生，其他角色大家自愿扮演，并在场地中寻找材料装扮自己。

讨论 3：需要哪些游戏材料？如何摆放？

游戏需要用到游嬉山上的大环境：舰艇、直升机、越野车、幽闭空间、轮胎树等。可移动的器材除了“猴儿们”自己选择的“玩具”外，教师也补充了一些新材料：竹篓、拉绳、轮胎桶、油桶、“鸟窝”、担架、竹梯、平衡板、体能棒、独轮车等，这些材料有序地摆放在游嬉山四周，便于幼儿选择与取放。

2. 实施游戏“猴王练兵”

实录 1：“山上摘桃”——师幼互助，深化游戏体验

“猴王”手拿“金箍棒”，坐在直升机里拼搭的“宝座”上，周围围满了“小猴子”，“猴王”说：“猴儿们，我现在要看一下你们的本领了，去把‘水帘洞’那边的‘桃子’摘几个过来！”话音刚落，几只“小猴子”

冲进了“水帘洞”……可是，“桃子”在大树的顶端，“小猴子们”试着跳了跳，爬了爬，都没成功，“猴儿们”开始着急了，个个抓耳挠腮……只见一只“小猴子”指着“花果山”下的油桶叫起来：“可以用那个油桶！”“踩在油桶上面吗？”“对呀，我们先把油桶搬上来试试！”

于是，两只“小猴子”冲下山坡跑向油桶，慢慢将油桶往山上滚，可是刚上了一小段便怎么也推上不去了，此时“小猴子”因为太用力，脸已经涨得通红，可他们仍然不愿放弃，使劲把油桶往山上推。

这时，我站在旁边，观察片刻后，正在犹豫需不需要上前帮忙。突然，从山坡背后又跑来了几只“小猴子”，他们兴奋不已，大声呼喊：“快来帮忙。”小猴们听到后，迅速来到快要掉下去的油桶旁，大家简单交流后，一起奋力往上推，但没有成功。一只“小猴”提出：“这里有个小土坡，所以推不上去。”“我们需要绕过这个土坡才行。”另一只“小猴”建议。“我们应该站两边，先绕过这个土坡，再横着移动油桶。”“那我们试试吧！”

他们不断变换着油桶的方向和角度，慢慢绕过土坡，就在快到达“水帘洞”的时候，油桶好像撞到了什么，又滑到了半山腰，一只“小猴”迅速用脚抵住了还在下滑的油桶，其他“猴儿们”也急忙扶住油桶，准备继续将油桶推上山，可是“猴儿们”的体力已经不支，动作明显慢下来……

图 4-23　合作滚油桶

看到幼儿在第二次推油桶上山时由于体力不支，游戏无法顺利进行，这时我以“大猴子”的身份平行介入，走过去问：“猴儿们，需要我帮忙吗？”于是我赶在幼儿放弃之前助他们一臂之力，激发幼儿的潜力和自我挑战的欲望，最终，在“猴儿们”的共同努力下，终于将油桶推进了“水帘洞”，成功摘下了树上的“桃子”。

此时，“猴儿们”兴奋地笑着、跳着、喊着，那份自信、满足、骄傲令人动容！我在幼儿游戏时的介入既满足了幼儿游戏的意愿，又推进了幼儿的发展，把握好幼儿的最近发展区，让幼儿成为游戏的真正主人，在游戏中树立了自信，收获了愉悦和成功的体验。

实录2：“空中运桃”——幼材互动，引发自主探究

“桃子”摘下来了，但怎么从“水帘洞”运到“猴王”的“宝殿”呢？“猴儿们”聚在一起商议着。一只“猴子”抬头看了看连接“宝殿”和“水帘洞”的新拉绳，想了想说：“我们能不能用这个绳子把‘桃子’运过去？”“咦，是个办法，那‘桃子’放哪里呢？”“那边有个竹篓，可以把‘桃子’放在竹篓里。”

说干就干，“小猴子”将“桃子”放在竹篓里，拉动绳子，竹篓就向“宝殿”慢慢移动过去……

当竹篓快要到达终点时，却被空中横着的两根绳子挡住了去路，竹篓无法到达“宝殿”。“猴儿们”可着急啦，一会儿拉拉这头，一会儿拉拉那头，只见在“宝殿”那头的一只“猴子”踮起脚尖，一只手拉住横着的绳子，另外一只手托起竹篓底部，成功使竹篓越过绳子到达了“宝殿”，这时欢呼声一片……

在游戏时，我们基于幼儿的游戏需求，给“游嬉山”增添了游戏主题和角色，并新增了若干低结构的游戏材料，幼儿的游戏热情瞬间被点燃。在游戏时，我们赋予了环境更新的思想，赋予材料更多的功能，赋予幼儿更多的自主，幼儿在材料的操作、摆弄过程中来建构自己的认知结构，学习自己发现问题、思考问题，并与同伴共同解决问题，获得多个领域学习与发展的有益经验。

找到解决问题的办法后，“猴儿们”开始有意识地进行分工；有的“小猴”负责装“桃”；有的负责拉横着的绳子；有的负责顶竹篓……大家分工合作，“花果山”上热闹非凡。在游戏结束后，大家一起分享游戏的成功经验：有的孩子说“花果山”的游戏很好玩，今天爬树摘了很多“桃子”；有的孩子说他喜欢玩滚油桶上山摘桃的游戏，学了新本领，完成了不可能完成的任务。

活动的特点及价值

（一）聚焦“游戏本质”，注重“自主快乐”

在本次户外自主游戏“猴王练兵”中，幼儿能自主分配角色，自主搭建“花果山练兵场”，自主推进游戏进程，自主评选“猴王”，自由创编玩法，自己商量制定规则，合作能力和自主创造能力得到充分发展。

本游戏立体呈现了孩子们角色、建构、体育等一系列自主游戏的快乐瞬间。同时，在扮演“猴王”和“猴儿们”角色中，幼儿的语言表达能力和协商、合作等社会性交往水平得到提升；在自主搭建“花果山练兵场”中，幼儿的逻辑、平面和空间思维能力得到发展；在“猴王练兵”游戏中，幼儿的身心素质和动作技能得到锻炼，遇到突发问题时，幼儿能想办法解决问题，这些表现都远远超过预期，充分体现了幼儿对于自己的游戏具有支配和控制的权利。

本次游戏中，基于幼儿生活经验和游戏经验，游戏替代物的变化体现了儿童游戏中的抽象性、概括性、创造力的发展水平。如实幼舰变成了“水帘洞”，树枝变成了“金箍棒”，沙袋变成了“筋斗云”，刺猬球变成了“桃子”等。在这种亦假亦真、真真假假、虚幻的游戏世界里，幼儿彻底张开了想象的翅膀，在理想的天空自由翱翔，实现着现实生活中不能实现的美好愿望。

（二）创新“游戏材料”，助推“幼儿发展”

本次游戏中，教师基于发现游嬉山“无人问津”，充分关注幼儿发展需求，既满足幼儿游戏的意愿，顺势赋予游嬉山新的主题，创设适宜的“新环境”，提供引发幼儿思考的“原材料”，赋予游嬉山生命力，推进了幼儿的游戏发展。教师增加低结构、易拆易建的游戏材料，幼儿可以任意组合、替代，象征性地满足自己的各种意愿，从而获得创造的快感和不同的游戏体验。通过游戏，幼儿挑战了自我，培养了坚持、勇敢、果断、独立、自制等良好的意志品质，感受到了成长的快乐，增强了自信心。

（三）关注“游戏支持”，体现“有效回应”

在本次游戏中，儿童是游戏的主人，教师是指导游戏的主人。教师是幼儿游戏环境及“玩具”的创设者，游戏过程的观察者、游戏进程的支持者——教师以多重身份参与游戏，有利于对游戏的有效指导。

教师用“平行游戏”自然融入幼儿。看到孩子们在“花果山”上奋力地推着油桶时，教师选择了以“平行游戏”的方式加入他们，和他们做同样的事情。这一方面能使教师成为他们的玩伴，更重要的是这样的方式不会干扰他们，能让他们对游戏本身持续保持关注。当游戏受阻，孩子们即将放弃时，老师及时以“大猴子”的角色帮助他们顺利将油桶推进“水帘洞”，成功摘下了树上的“桃子”。所以，教师的介入只要是站在顺应幼儿游戏意愿的立场上，就没有必要担心是否会影响幼儿的游戏进程，相反还会促进幼儿积极的游戏体验，增强幼儿的自信心。

（四）顺应“游戏生成”，挖掘“教育契机”

幼儿生成活动无所不在，时时有可能发生。在游戏分享阶段，有孩子提出要搭一座与“水帘洞”连接的桥，教师立即捕捉到了生成新游戏的契机，通过“用什么材料搭”和“搭什么样的桥”两个问题，引发幼儿对新游戏的思考，将幼儿简单的游戏意图转化为可实现的游戏计划。这样不仅能促进游戏继续延伸下去，而且能让幼儿在尝试的过程中获得成功感和胜任感。

这次游戏，让我们看到了老师在户外自主游戏时对孩子的“不管”，但又不会“不顾”，看到了孩子们的真游戏，看到了户外场地从“运动场”到“游戏场”的华丽转变。让游戏点亮孩子的快乐童年，使每个孩子成为最好的自己！

果果攀爬记

作者：陈静　　　写作日期：2019 年 4 月

案例背景

湖北省实验幼儿园秉承了张之洞的“保身体之健旺”的教育理念，打造了有挑战性的“三环式”户外游戏场地。其中“淬砺挑战区”的“淬砺墙”是幼儿尤为喜爱的游戏场所之一。

观察时间：2019 年 3 月 15 日—4 月 16 日

观察地点：幼儿园户外攀爬区（淬砺墙、大树）

观察对象：果果（女，5 岁 4 个月）

观察目的

1. 关注幼儿游戏中的需求，教师提供有效支持，推进游戏进程。

2. 在挑战性游戏中，幼儿能否解决遇到的问题与困难，提升抗挫能力。

观察背景

三月初，我园通过体育教研活动，基于幼儿兴趣，在“淬砺墙”上又添加几条攀爬绳，供幼儿选择，加了挑战难度。3 月 15 日，户外游戏时间，我们班十几个小朋友都冲向了“淬砺墙”，而果果小朋友被挤在了最后，于是她朝周围看了看，发现在“淬砺墙”的对面有一棵大树，就尝试抱着树往上爬……于是，果果小朋友开启了淬砺攀爬之旅……

图 4–24　攀岩墙

图 4-25　攀爬树

实录与分析

实录（一）

观察时间：2019 年 3 月 15 日上午 10：20

图 4-26　幼儿爬树

观察内容：

果果小朋友在大树旁转了几圈，左瞧瞧，右看看，用手环抱大树试爬了几下，发现爬不上去，就离开了。过了一会儿，果果和豆豆一起把竹梯搬了过来，斜靠在树干上，他们爬上了竹梯，但是因竹梯太短，还不能到达树枝的位置。这时，又来了几个小朋友，他们七嘴八舌地议论着……晓峰说："我们用油桶试试吧！"于是，果果和小朋友们一起搬来了大油桶，他们想将油桶垒高来爬树，可是尝试了好几次，因油桶太重，他们搬不上去，果果忙得满头大汗，可是还是没有爬上树……这时，六六说：可以从树上吊一根长绳爬上去，"那太难了，我们爬不上去的！"果果说，"如果可以像电视里的飞机一样放一个软梯下来，就好了，我们就可以直接爬上树。"这个想法得到了孩子们的一致同意。最后，他们一起找到了我说："陈老师，你能帮帮我们吗？"

分析

1. 5—6 岁幼儿活动的自主性、主动性水平明显提高。在游戏中，当果果小朋友不满足于自己已学会攀爬"淬砺墙"，她就有了发展的内在需求，开始向新的水平挑战，即攀爬大树，而挑战爬树就是果果小朋友的最近发展区。

2. 我们充分关注果果的发展需求，她想爬树可是没有辅助材料，所以难以完成。我们既要满足幼儿游戏的意愿，又推进幼儿的发展。于是，在孩子们的请求下，我帮助小朋友们在大树上新增了软梯，支持幼儿的游戏需求，供幼儿尝试与挑战，充分挖掘幼儿的内在潜能。

实录（二）

观察时间：2019 年 3 月 21 日上午 10：30

新增器材：软梯、绳索、保护绳、地垫

观察内容：

小朋友们对新增的软梯非常感兴趣，果果带头爬了上去，只见她一步一步地踩着软梯往上爬，脸上洋溢着兴奋与满足，快到达终点时，果果却停了下来，下面的小朋友们都着急了："果果，快爬呀，只差一步了""果果，快上！马上就成功了！”果果慢慢回过头来，涨红了脸说：“我，我爬不上去了……”小朋友们七嘴八舌地喊了起来：“果果，没事，快上啊！”“果果，加油！”只见果果脸越涨越红，眉头紧锁，突然“哇”的一声哭了起来，“太高啦，我害怕！！！”她边抽泣边说。我连忙跑过去，安慰道：“没关系，如果实在不行就下来吧。”果果低着头，没有动。过了一会儿，她抬起头看了看大树，小声说：“我还想试试。”孩子们又兴奋起来，大声为果果加油！果果把脚往上挪了一下，几秒后，她又挪了下来，果果慢慢地爬了下来，低着头，眼里噙着泪花，轻轻地说：“我没爬上去。”我赶紧蹲下来安抚她：“果果，你爬得那么高，已经很勇敢了！下次，我们再试试……”

图 4-27　果果害怕爬不上去

分析

1. 我们如何引导果果战胜自己的“恐高”心理，爬上大树呢？据国外调查资料显示，现代都市人中有 91% 的人都会产生这种心理上的恐高症状。困难和挫折是人人都可能遇到和面对的，但当困难和挫折出现时，选择克服困难还是退却就显得尤为重要，而淬砺性游戏活动则可以培养和提高幼儿的心理抗挫能力。

2. 5—6 岁幼儿有强烈的好奇心，他们好学好问，喜欢挑战性的学习内容，根据这一特点，我们创设了丰富的游戏情境来吸引幼儿的注意力，提升其攀爬的欲望，勇于挑战自我，从而克服心理上的“畏高”。

实录（三）

观察时间：2019 年 4 月 10 日上午 10：20

游戏情境创设

我班开展了“迎军运，我是军运小勇士”主题系列活动，孩子们在美工区饶有兴趣地制作降落伞，并在体育区中自由扮演军运小勇士，开展“伞兵训练”游戏活动。在户外游戏活动中，豆豆把自己制作的降落伞带到了户外游戏场上开心地抛接着玩，忽然，降落伞被树枝挂住了，他着急地大喊起来：“谁能救救我的降落伞啊？”孩子们围在一起讨论救降落伞的办法……基于孩子们的需求，我和孩子们一起创设了“营救降落伞”的游戏情境。

图 4-28　降落伞的设计

观察内容

果果对“营救降落伞”的游戏非常感兴趣，只见她徘徊在大树下，看着成功营救下“降落伞”的小朋友一脸羡慕。“果果，你愿意去救降落伞吗？”果果犹豫了一下，我又引导：“看，地上有厚厚的地垫，你的腰上会套安全绳，去挑战一下吧！”果果歪着头想了想，最终点了点头，果果慢慢爬上软梯，快到最后一步时，我们都一脸紧张地看着她，只见她又停了下来，孩子们在下面帮她加油：“果果，还有一步，加油！加油！”果果轻轻地摇摇头，涨红了脸，孩子们又喊起来：“果果，救下降落伞，你就是英雄了！”也许真的是“英雄”两个字起了作用，只见果果吸了一口气，勇敢地向上爬了一步，终于拿到了“降落伞”。

图 4-29　果果害怕爬不上去

孩子们都欢呼了起来！果果高兴地跑到我面前，大声说：“陈老师，我成功了！”我开心地为她竖起大拇指。

分析

1.“降落伞”这一新材料的提供，创设一个有挑战、能磨炼意志，使幼儿能获得体能锻炼机会的淬砺环境，进一步激发了幼儿的游戏兴趣，激起了果果想成功拿到降落伞的愿望，对完成任务的强烈愿望使得孩子忘记了心理上的恐高暗示，终于在小伙伴和教师的鼓励下爬到了大树顶端，战胜了自我。

2. 结合军运会大背景的“军运会小勇士”的角色扮演，可以增加游戏的趣味性，加大游戏难度，引发幼儿的挑战欲望。

实录（四）

观察时间：2019 年 4 月 16 日上午 10：40

新增材料：“飞行铁索”

观察内容

攀爬区又增设了一个新的材料“飞行铁索”，它分为第一层“勇者挑战”和第二层的“淬砺挑战”。幼儿对此产生了浓厚的兴趣，他们把海洋球变成了树上的“果实”，并在爬上软梯后沿“飞行铁索”将果实运送到对面的“飞机”上。果果向上看了看“淬砺挑战”关卡，然后勇敢地爬上了软梯，一直坚持爬到了大树的顶端，随后，走上了铁索……下面的小朋友都大声为果果加油，我心里一阵紧张，之前恐高的果果，如果又因为害怕，停在了铁索中间怎么办？我搬来了一座塔梯，随时做好“营救”的准备。果果一步一步地向前移动，当到达中间的时候，由于铁索上有三名幼儿引起了一阵晃动，只见果果停了下来，我一下又紧张起来，正在犹豫要不要出手“营救”，却看见果果稍稍调整了双脚，又继续向前了。我在心里默默地为这个勇敢的女孩点赞！终于，果果顺利地将“果实”运到了对面，她沿着软梯爬了下来，我跑过去，给了她一个大大的拥抱：“果果，你真棒！”好几个小朋友都围了过来说：“果果，你真厉害！”这时，果果的额头上冒着细细的汗珠，但她的眼神里满是成功的喜悦……

图 4-30　果果成功爬树

分析

果果在挑战爬软梯成功后，增强了自信心，她愿意去挑战更有难度的“飞行铁索”，并勇敢地尝试了最难的“淬砺挑战”任务。

1. 教师在幼儿游戏时的观察与引导（静静观察，做好“营救”的准备；幼儿挑战成功，给与肯定的鼓励），这样既满足了幼儿游戏的意愿，又推进了幼儿的发展。

2. 教师把握好幼儿的最近发展区，让幼儿成为游戏的真正主人，在游戏中树立了自信，收获了愉悦和成功的体验。

指导与反思

图 4–31　幼儿上铁索

教师支持行为反思：在体验“淬砺成长”的游戏中，教师不仅充分关注幼儿的发展需求，满足幼儿游戏的意愿，又不断推进幼儿的发展。游戏材料的不断调整，促使幼儿进行有兴趣的尝试，尝试的过程中就必然会遇到问题，在实录中，果果小朋友在第一次挑战失败后，表面上看是“没有成功”，其实她却赢得了一次抗挫的体验。在游戏“营救降落伞”的吸引下又进行了第二次尝试，战胜了自己的心理暗示，并最终取得了胜利，更赢得了一次自我挑战的成功。这是一次心理与身体淬砺抗挫能力的双重成长。在孩子的成长中，抗挫是一种很重要的品质。《3—6 岁儿童学习与发展指南》指出，“引导幼儿敢于尝试有一定难度的挑战和任务”。孩子们在户外游戏中根据自己的兴趣和需要，以快乐和满足为目的，自由选择、自主开展、自发交流，天性自由释放，积极性、主动性、创造性得以充分发挥。而富有挑战性的游戏，让孩子更加专注、积极，体验成功的乐趣。

教师指导：关注“游戏支持”，体现“有效回应”

在本次游戏中，儿童是游戏的主人，教师是指导游戏的主人。教师是幼儿游戏环境及“玩具”的创设者、游戏过程的观察者、游戏进程的支持者，教师以多重身份参与游戏，有利于对游戏的有效指导。

当我看到果果小朋友因为心理上的恐高而在只剩一步时选择放弃，我并没有批评和强制要求她完成。而是以安慰、鼓励的态度给予孩子心理上的最大宽容。随后，我基于幼儿的游戏需求，给“大树”增添了游戏主题和内容，幼儿的游戏热情瞬间高涨。“降落伞”这一新材料的提供，进一步激发幼儿的游戏兴趣，创设一个有挑战性、能磨炼意志，同时能获得体能锻炼的淬砺环境，帮助他们顺利通过爬软梯、走铁索将树上的“果实”运送至对岸。所以，教师的支持只要是站在顺应幼儿游戏需求的立场上，就没有必要担心是否会影响幼儿的游戏进程，相反还会促进幼儿积极的游戏体验，增强幼儿的自信心。教师在幼儿游戏时的观察与引导，既满足了幼儿游戏的意愿，又推进了幼儿的发展，把握好幼儿的最近发展区，让幼儿成为游戏的真正主人，在游戏中树立了自信，收获了愉悦和成功的体验。

进一步支持的策略：

1. 把握游戏增长点，整合游戏材料

考虑幼儿的游戏需要，将增设淬砺挑战区。将淬砺墙、软梯、飞行铁索及适当的小器材整合起来，由幼儿自主创设游戏玩法，老师有针对性地丰富材料。

2. 代入音乐，享受“游戏真谛”

在游戏中使用不同的音乐，通过音乐旋律与节奏的变化，结合游戏情境，让幼儿“入境”增加游戏的代入感。引导幼儿勤观察、善发现，激发幼儿的挑战欲。

第二节　淬砺教育园本课程管理经验

一、管理经验

夏君同志作为幼儿园党支部书记、园长，一直扎根一线，亲自带领教研团队，在淬砺教育的园本课程研究中率先垂范，专业引领，在全国、省、市、区进行了淬砺教育的经验分享，同时还代表我园参加了国际性交流，在澳大利亚宣传了我园的淬砺课程。

现节选几篇关于不同的淬砺活动及不同时段的经验分享和发言稿。

文化浸润，必有远芳

——园所文化建设经验分享

作者：夏君　　　写作日期：2019 年 4 月

各位专家、园长，下午好！

很高兴与大家相聚在美丽的海滨城市——珠海，共同探讨有关园所文化建设的话题。

我今天分享的题目是：文化浸润，必有远芳。文化是一个组织的核心。于国而言，文化是脊梁，于幼儿园而言，文化是精神气，是根和魂。它是幼儿园自有理念、气质的表达，是情感、温度、故事的凝聚，更是价值观的集中体现。一个国家、一个民族的强盛，总是以文化兴盛为支撑的，幼儿园也是如此。如何依据园情，挖掘和凝练独具本园特色的园所文化？如何采取措施，使文化内化于心、外化于行？如何发挥文化的感召力，使每一个人都获得生生不息的发展动力？作为中国公立第一园，我们从教育传承的视角反省教育文化，找寻自身独特的文化图谱，形成了较系统的“园所文化体系”。

下面，我从三个方面介绍分享湖北省实验幼儿园的文化建设历程，希望能给大家带来一点感悟。

一、缘起——追本溯源

从1903年张之洞先生创建至今，幼儿园已历经两个甲子。一百多年来，旧屋换成了新楼，晨钟暮鼓尚存不朽，爷孙成了校友。这是祖孙三代的照片。照片中的爷爷今年70岁，是66年前的老毕业生。这张照片是我1988年带着杜可在蛇山上远足的照片。一百多年来，栉风沐雨，弦歌不断，实幼人在“蒙学”中“养正”，在“守正”中“出新”，用淬砺教育、健康特色、全面发展做着对百年幼教最深情的回应。

提炼园所文化，首先就要分析园情，了解幼儿园的过去和现在。作为百年老园，老前辈留下的文化精神代代相传，在我们心中打下了深深的烙印。我们有一个“文化寻根团”：进文史馆，访老校友，写历史，整旧物。新员工入职都会到旧址寻根，与老杨树合影。办园历史被重新梳理，在一次次自我审视中寻找生命成长的脉络和轨迹。

幼儿园有一套操做了30多年，下面跟大家分享：干浴操。

这是幼儿园各个历史时期的发展史，这是各个时期的发展情况，这是那些年的毕业照。在文史馆的古书堆里，我们找到了张之洞先生的三句话，提炼成办园理念，找到了旺体特色的根基。幼儿园数次更名，“蒙养”二字让我们产生了强烈的共勉。尤其是中国古代的开蒙传统，让我们的责任感和使命感油然而生。蒙养文化触动着我们的内心最柔软部分。下面，以玩教具配备为例，说明我们传承和创新文化的过程。

1903—1956年：室内设“图书玩具陈列室”，大多数是日本的教材和玩具，室外有场，场内有山，山上有亭。但玩教具匮乏，以传统民间玩具为主，身体也是游戏材料。

1956—1993年：以高结构的大型玩具为主，如玻璃钢的转马、铁制的大荡船，一个玩具容纳下全班孩子，同时大自然、大社会是活教材。

1993—2003年：以自制玩教具为主，这是我们教具室里的贴绒教具、挂图和体育器材。

2003年至今，玩教具由单一向多元、高结构向低结构不断转化发展。逐步形成了“本土、本色、本真”的环创理念和“真、野、趣”的环境特色。

二、浸润——共炼文化

SIS系统，包括理念文化识别系统（MI）、视觉文化识别系统（VI）、环境文化识别系统（EI）、行为文化识别系统（BI）四大部分。

（一）理念文化识别系统（MI）

理念文化识别系统（MI）建设，是幼儿园文化建设的核心内容。幼儿园首先成立园所文化领导小组，带领全体教职工开展园所文化大讨论，先后开展了园徽征集、园歌歌词征集等活动，本着人文化、个性化的原则，对幼儿园的办学宗旨、园训、园风、教风、学风、培养目标等幼儿园理念要素进行提炼、梳理、提升，形成了完整的理念文化体系，并在园所环境中有机渗透。幼儿园逐步形成一种春风化雨、润物无声、潜移默化的园所精神和文化氛围，有效促进了幼儿、教师、家长、幼儿园四位一体共同发展。

（二）视觉文化识别系统（VI）

它是以幼儿园的园徽、标准字、标准色为核心展开的完整而系统的视听传达系统，是文化系统最具传播力和感染力的部分。它将幼儿园的办园理念、幼儿园精神、文化体制、制度规范等深层次抽象理念转化为具体的符号概念，塑造独具特色的幼儿园视听新形象，提高幼儿园的知名度和美誉度。

（三）环境文化识别系统（EI）

三本环境理念是本土、本色、本真。

我们的室内环境创设提倡“三主”，即主旨、主材、主色。这也是美化环境、减轻教师环创工作量的法宝。

（四）行为文化识别系统（BI）

主要实施5S管理。让所有的物品有名有家，3秒内可以找到。教职工行有规，言有范，管理有序高效。

三、远芳——共享文化

多年的文化浸润，砥砺前行，培养了一批又一批荆楚英才，下面介绍一下幼儿、教师及园所的发展成就。我们基于对当代幼儿发展的情况分析，提出了淬沥教育思想，形成了淬砺课程理念。这是孩子们日常户外活动时的场景。

这是亲子远足、体能大循环、夜宿幼儿园等特色活动。小淬砺实现着大成长。

多年的蒙养守正，老师们也养成了问题意识和研究的习惯。他们研环境，研儿童，研课程，涌现出一大批省市区优秀教师。

《长江日报》、湖北电视台、《学前教育》经常宣传报道我园的教育理念和做法，蒙养文化立足本土，走向世界。

课题研究成果书一经出版，便销售一空，为幼教同行提供参考和借鉴。

这是小二班家长参加我园的开放活动之后写下的一首诗："百年幼园发新芽，张公铸剑走天涯。春华秋实迎旺年，君子成蹊自芳华"。

园长们，园所文化是幼儿园核心价值中不可或缺的一部分，让我们携手，让文化成为核心，让课程成为载体，让教师成为快乐的主角，让幼儿获得更好的发展。

我们相信：文化浸润，必有远芳。

聚力蒙养 淬砺成长

——2018 年度绩效考核会自评发言稿

作者：夏君　　　写作日期：2018 年 12 月

2018 年是我园实现跨越式发展的一年：省级示范三级检查，园务管理，教师半日活动组织能力，园所环境水平大大提升，硬件和软件焕然一新。

1. 队伍建设捷报频传：层层责任担当，人人走向前台，厚积薄发；个别教师脱颖而出，成长为教学园长、保教干事；卓越杯囊括一、二等奖。

2. 园所文化厚积薄发：成立寻根团，开展蒙养文化大讨论、我讲我的蒙养故事、蒙养成长一刻等活动，蒙养精神浸润人心，产生无穷的魅力影响着师生言行。《学前教育》杂志发表文章，《幼教 365》报道我园，《教育报》约稿。《园所文化背景下的幼儿园环境创设》一书结集出版。

3. 淬砺教育园本课程特色凸显：十个小本领。

4. 孩子发展有目共睹：原先20个幼儿血色素不达标，到目前100%达标，孩子们活泼开朗、潜力无限。读懂孩子，一起成长。

5. 基建艰难锤炼团队：地铁影响、淤泥影响、噪音扰民、低温天气影响，遇到各种状况，团队分工合作，强力推进。能克难攻坚办成一件件大事。

磨淬砺之石 促园所发展

——教学研讨会园长发言稿

作者：夏君　　　写作日期：2018年7月

尊敬的领导、专家、老师们，大家上午好！

今天，有幸邀请到XXX和各位专家来园，参加湖北省实验幼儿园教学研讨会，全员教职工倍感温暖和鼓舞。在此，对你们的到来表示衷心的感谢和热烈的欢迎！

下面，我用三句话介绍一下研讨会的背景。

一是分层培训，各有成效。

幼儿园将19名教师分成了三个层次：新手型、成长型、成熟型，分层培训，整体打造，取得了喜人的成效。今天展示的三位老师就是各个阶段的代表，也是从期末教学比武中推选出来的优质典型。

二是整合资源，搭台唱戏。

实验幼儿园的老师很幸福，有来自上级领导的关怀，XXX今天亲自下园听课；有专家经常性的下园指导，有省培训中心国培专家库的专家对我园送教下乡老师上课的一对一指导。园部充分挖掘这些资源，搭建一个又一个平台，加上园内开展的“一师一精品课”“预约听课”等活动，有效促进教师迅速成长。每次活动，我们都仿佛可以听见竹子拔节生长的声音。

三是《指南》引领，寻求突破。

换句话说就是“老坛装新酒”。老坛是经典的教学内容，新酒就是新理念、新方法。即将展示的三个活动有个共同的价值追求和特征，即还原教育本真，用最简便易行的方式促进幼儿多元化、自主的发展。

我们采取的当场抽签、借班上课的方式有点难度，研讨的目的是还原真实的教学场景，袒露真实的教育思考，寻求实在的指导和帮助。宝剑锋自磨砺出，梅花香自苦寒来。期待领导、专家的指导！让我们一起交流碰撞、享受职业成长的幸福！

百年苗圃 淬砺绽放

——大班毕业典礼园长致辞

作者：夏君　　　写作日期：2016 年 7 月

各位家长，亲爱的老师、小朋友们，下午好！

今天是专属小朋友的盛大节日，一个值得庆贺的日子，我们在这里隆重举行湖北省实验幼儿园大一班和大二班毕业典礼，共同见证毕业班小朋友的快乐、幸福和成长。我谨代表幼儿园向大一班和大二班毕业班小朋友表示最诚挚的祝贺！

离别的日子越来越近，我越来越频繁地来到大班教室，与孩子们一起度过毕业前的快乐时光。昨天我来到大二班，一个小女孩扑过来紧紧地抱住我，连声说“园长妈妈，我舍不得你，舍不得老师和小朋友”，让我激动无比，孩子们也说出了我们全体教职工的心里话。多么真挚的感情和纯真的话语！

这一届毕业生是我当园长后迎接和培养的首届学生。我和孩子们一起，同呼吸，同成长，度过了三年的快乐时光。转眼间，你们从一个个哭哭啼啼的小萌宝长成了即将入学的小学生。在幼儿园里，你们就像一个个轻盈跳跃的小音符，快乐地舞蹈、运动、画画、游戏。滑索树屋、淬砺墙、飞跃滑索、魔幻厨房、三军训练营都留下了你们成长的足迹！

三年来的每个早晨，有你们的甜甜问候、张张笑脸和快乐的身影。你们就像一只只快乐的小鸟，要在这里起飞；你们又像一只只幸福的小船，要在这里扬帆；你们更像一匹匹奔腾的骏马，要在这里奋蹄。

亲爱的小朋友们，告别朝夕相处的老师和小伙伴们，你们即将迎接崭新的小学生活。园长妈妈想将“成长”“感恩”和“期待”三个词送给你们，愿你们在以后的学习生活里，多交朋友，礼貌待人，体验成长带来的自豪感；

愿你们热爱生活，多关心身边的人、事、物；愿你们的每一天都开心、快乐，充满期待！

谢谢大家！

拾秋之旅，行走的淬砺

——户外拓展“行走的课堂”活动园长发言稿

作者：夏君　　　写作日期：2017 年 11 月

各位家长、小朋友，大家上午好！

你们喜欢来公园玩游戏吗？大自然、大社会都是活教材。喜欢接触大自然的孩子都是最勇敢的！

给大家讲个小故事：昨天我乘地铁下班，旁边一个年轻的妈妈带着一个两岁大的孩子玩手机，因为玩得时间长了，妈妈关了手机，孩子马上大哭起来。小朋友，你们会这样吗？

这样的孩子会得一种叫“自然缺失症”的病。

所以，我们让学校教育向大自然延伸，组织了这次活动，和爸爸妈妈孩子们一起，来到美丽的沙湖公园，欣赏秋天的美景。

探索体验、挑战闯关、锻炼体能、磨练意志是这次活动的宗旨。在美丽的公园里，让我们一起跑起来、跳起来、嗨起来！在亲子同乐的同时，一定要照顾好自己，照顾好别人！

最后，预祝活动圆满成功！

亲子共舞　欢乐六一

——“健健康康体育节”之“六一”系列活动园长发言稿

作者：夏君　　　写作日期：2017 年 6 月

亲爱的家长、老师、小朋友，大家上午好！

小朋友们，今天是什么节？

很高兴，我们又相聚在湖北省实验幼儿园，共同庆祝六一国际儿童节。首先我代表全体教职员工向各位来宾、各位家长表示热烈的欢迎，并对大家致以诚挚的谢意！在这特别的时刻，让我们共同祝愿可爱的孩子们节日快乐、茁壮成长。

每次站在这个舞台上，我想要说的话都特别多。就像园歌里唱到的，“漂亮老师像妈妈，健健康康快乐长大”。实验幼儿园一个温馨的家，我们都是这个家庭的一个成员。我们都有一个共同的名字，那就是实幼人。孩子们也有一个共同的名字，那就是实幼宝宝！

在勤劳智慧的实幼人的努力下，幼儿园上半年取得了许多成绩：被评为湖北省园本教研先进单位，在刚刚结束的武昌区三优评比大赛中，我们喜获“优秀团队、优美环境、优质活动”综合类的一等奖的好成绩（全区80多所幼儿园，唯有3个园所获一等奖）。老师们在这样一个和谐进取的团队中，也不断地成长，多位教师在全国、省、市、区各类比赛中获奖。也借此机会，向老师们道一声：“你们辛苦了！”

唯有团队强大，教师个人、幼儿园才会有更好的发展，这些发展直接影响到我们可爱的实幼宝贝，所以，我想要表达的是，实验幼儿园的宝贝都是非常幸福的。幼儿园本学期开展了很多活动，让孩子发展受益，如正在进行的幼儿“十个小本领系列教育活动”（摄影展和育儿心得），唱园歌，跳园舞，聘请专职教师进行艺体教育，召开幼小衔接家长讲座、家长沙龙等，从孩子的笑容中，从家长的眼睛里，我们读到了幸福，读到了家的感觉。从5月20日开始，就是学前教育宣传月活动了，我们会结合宣传月的主题“给孩子适宜的爱”开展相关的宣传活动，与家长朋友们共同成长。

最后，祝小朋友们节日快乐！祝各位来宾身体健康！预祝本次活动圆满成功！谢谢大家！

阳光毅行 一展风貌

——湖北省实验幼儿园团建活动园长发言稿

作者：夏君　　写作日期：2018年3月

亲爱的各位教职员工们，大家下午好！

在这春暖花开、草长莺飞的季节里，我们迎来了教职工趣味运动会！

在此，我首先代表幼儿园，对精心筹备本次运动会的党支部、工会、团支部的工作人员表示衷心的感谢，对积极参加趣味运动会的教职工们，表示最热烈的欢迎！我们今天还邀请了湖北幼专的吕尧老师担任裁判长，在运动会前期为我们准备比赛道具，策划游戏，对吕尧老师所付出的劳动表示由衷的感谢！

健康是一份责任，健康运动是一种习惯。在我们这个以健康、淬砺作为办园特色的幼儿园，员工的健康体魄和淬砺精神尤为重要。希望以本次运动会为新的起点，掀起新一轮教师健身的热潮！希望大家通过本次运动会，磨练顽强意志，体现竞技水平，展示精神风貌。赛出风格，赛出水平，赛出友谊，争创比赛成绩与精神文明双丰收。

最后，预祝各个参赛队能相互配合取得优异的成绩！预祝本次趣味运动会取得圆满成功！谢谢大家！

承接传统 创新淬砺

——重阳节退休教师座谈会讲话稿

作者：夏君　　　写作日期：2018 年 10 月

尊敬的各位前辈，大家上午好！

秋风送爽，硕果飘香，农历九月九日是我国传统的重阳节，是个值得庆祝的吉利日子。1989 年，我国把每年农历九月九日定为老人节，九九重阳，与“久久”同音，含有长久长寿之意，同时秋季也是收获的黄金季节，所以人们对这个节日历来有着特殊的感情。

在充满温情的日子里，我谨代表幼儿园党支部、全体教职员工，向大家致以节日的祝贺，祝大家生活愉快、健康长寿，对你们退休后一如既往、热情关心支持教育事业、支持幼儿园的工作表示衷心的感谢！

今天到场的，都是在幼儿园工作过的老前辈，对你们的到来表示热烈的欢迎。

这次活动的主题是感恩重阳、老幼同乐。因为感恩，我们在重阳节前夕请各位回到曾经奋斗过的地方，看看幼儿园的发展变化；因为感恩，让大家看看孩子们的节目，体会老幼同乐的快乐；因为感恩，我们征求大家对幼儿园工作的建议，共谋发展大计。

这几年，在省教育厅和湖北幼专的支持下，幼儿园取得了可喜的成绩。在省幼专的正确领导下，全体教职工同心同德，爱岗敬业，不畏艰难，开拓进取，各项工作取得了可喜的成绩。综合教学楼已开始建设，硬件提升指日可待，连年被评为省教育厅红旗党支部、武昌区绩效考核优胜单位，社会声誉蒸蒸日上。淬砺课程多次接待国内外幼教同仁的参观学习，健康办园特色享誉省内外，集全园智慧的书结集出版，在全省精彩亮相。里面有我们淬砺教育特色的展示和在淬砺环境开发和打造方面取得的荣誉。

以上是幼儿园近期的发展建设情况。幼儿园的发展，渗透了你们老一辈教育工作者的汗水和心血，离不开你们的辛勤探索和奉献。是你们的传、帮、带，才有了我们今天的淬砺教育园本课程，你们带着孩子爬山野炊，走进农村，借宿农家，使孩子们感受到快乐和锻炼，使我们教师理解了淬砺教育的意义和实施的方法。幼儿园是我们共同工作、耕耘的园地，你们既是我们的同事，又是我们的长辈，更是我们的老师。希望得到老同志更多的关注和指导，也希望大家今后一如既往，发挥余热，为幼儿园发展献计献策，给我们的工作提宝贵意见。感谢你们多年来对我们的关心、鼓励和帮助。最后，再一次向各位尊敬的老同志敬贺节日快乐，祝各位老前辈身体健康，愿你们如青松不老，古枫吐艳，晚菊傲霜，漫步人生夕阳红！

刮摩淬砺　传承创新

——园本课程开发制度助推“淬砺”课程建设

作者：刘丹　　　写作日期：2018 年 1 月

教育是为了更好地引导孩子们走进大自然，走进历史，走进社会，走向一条成人之路，让他们成为最好的自己。随着学前教育三年行动计划的深入推进，课程开发已成为教育的热点。

课程开发（Curriculum Development）是依据一定的课程理论，对幼儿园课程进行的分析、选择、设计、实施、审议等的整体研究过程。

园本课程开发实质是幼儿园根据自己的教育理念、思想，为满足幼儿的实际发展需要，以教师为主体，全员参与，以幼儿园为基地进行的开放民主的课程建构过程。

园本课程开发是一项长期而系统的工程，必然需要一定的制度来维系它的实施，以一定的行为准则来统一组织成员的信念、价值和行为，以保证园本课程开发的目标和理想的达成。因此，我园针对课程开发建立了相关的规章制度。

一、课程研发前奏曲——我们的思路

基于课程开发需求，我园成立了三大课程研发小组，即课程研发“领导小组”“先导小组”和“实施小组”，并进行了合理的分工，定位角色，明确每组的职责与要求。

（一）课程研发“领导小组”

由园长、副园长及保教主任组成，对课程研发进行总体的构想、规划和调控，把握课程的方向和脉搏。

1. 分析现状与需求

园长带领“领导小组”成员进行园所现状分析，包括课程背景、资源、架构及幼儿需求等。

（1）课程背景

湖北省实验幼儿园由湖广总督张之洞先生于 1903 年创建，是中国公立第一园。我园根据百年前张之洞老先生之语，提炼出“保身体之健旺、养天赋之美材、习善良之言行”的办园理念，并沿袭至今。目前我园已是省、市两级示范性幼儿园。在办园理念的引领下，我园充分挖掘百年老园的文化内涵，进一步描绘“全面和谐发展、健康特色鲜明”的课程愿景，秉承释放天性、回归本真、淬砺教育、健康身心的课程理念，实现着“旺体、博闻、厚德、蕴美”的培养目标。

图 4-32　幼儿园城堡楼

（2）幼儿发展需求

从时代发展需要看，现代社会对人的素质要求越来越高。1992 年“中日夏令营”两国学生的表现反差给国人以震惊；2014 至 2016 年，智力顶尖级人物的舞台上，70 后、80 后、90 后，乃至 00 后自然流露出的怯战、推诿、暂时失败的崩溃痛哭，吞噬着我们每一位幼教工作者的心。

去年，我园针对大班幼儿独自入睡情况进行了抽样调查，结果呈现 50% 的孩子都没有分床或分房入睡，原因在哪里？我们的孩子到底缺什么？——独立、坚强、勇敢、自信、抗挫、合作、担当、挑战、宽容、责任……

基于以上种种，我园在课程理念的指导下，以《3—6 岁儿童学习与发展指南》《幼儿园教育指导纲要（试行）》《幼儿园工作规程》等文件为依据，通过淬砺课程的研发与实施，锻炼幼儿体能，磨炼其意志，提升他们的自信心，让他们体验成长的快乐。

图 4–33　勇敢者游戏

2. 梳理目标与内容

课程不等于教材，它需要一种教育思想的引领和渗透。我们课程研发“领导小组”通过几轮的研讨后，初步明确了淬砺课程的教育思想——

淬砺——淬火和磨砺以使刀剑坚利，比喻刻苦磨炼。

淬砺教育——能锻炼体能，培养幼儿勇敢坚强品质、锤炼其精神的活动。

淬砺课程理念：锻炼自我、健康身心、淬砺成长 。

淬砺课程目标：在淬砺活动中培养幼儿坚持、勇敢、自信的良好意志品质，提升抗挫能力，为其终身发展奠定良好基础。

3. 建立管理机制

我园建立了园长亲自挂帅、保教主任负责管理的组织机制，构建了课程研发网络，对淬砺课程的内容、实施、评价、资源等进行审定，并提供淬砺活动的资金和后勤保障。

（二）课程研发“先导小组”

由教研组长、年级组长组成。主要负责淬砺活动的调查研究与开发。根据课程目标，课程研发“先导小组”进行方案编制，确定工具与方法，与“实施小组”联合选择课程内容和组织方式，包括活动目标、内容、实施和评价等。

（三）课程研发“实施小组”

由幼儿园全体教职工组成，分大、中、小型活动来实施淬砺活动的研究和设计。

二、课程研发主题曲——《我们在行动》

1. 园本培训制度提升教师 PCK 水平

英国课程专家斯腾豪有一句名言：没有教师的发展就没有课程开发。课程开发人员必须要具有相关的专业能力及水平。PCK（Pedagogical Content Knowledge）——教师个人教学经验、领域内容知识和教育学知识的特殊整合。教师的 PCK 水平是影响幼儿学习和发展的重要因素。

图 4-34　户外远足

PCK 不是一种知识，而是教学情境中各种知识的融合（What，教什么？Who，教谁？ How，怎样教？）

我园坚持开展间周一次的园本培训活动，从集中学习到碎片式学习，从理论学习到实践学习，以走出去、请进来、网上论坛、线下交流等多途径、多方式、多渠道的培训，着眼于教师对核心经验的把握，由关注教学内容向关注内容与课程关系转变，由关注集体教学活动向关注游戏转变，由关注教师行为向关注行为背后的理念转变。

图 4-35 陈红梅博士来园讲座

培训使教师们对课程有了新的认识，并树立起新的课程观：① 课程是教学的整个过程，一日活动皆课程；② 课程是一种对话，是师生共同参与、共同建构探索知识的过程；③ 课程不是静态的跑道，而是动态的跑的过程；④ “教师即课程”，课程在教师手中展开，展开课程的过程是开发资源的过程；⑤ “环境即课程”，环境和材料蕴涵丰富的教育内容和资源，即大自然、大社会是活教材。培训使我园教师的 PCK 水平逐步提升，为课程的研发与实施奠定了基础。

图 4-36 胡慧专家来园讲座

2. “三真”教研制度保障研究质量

基于实践需求，我园建立了“三真”教研制度，即聚焦课程实施中的真问题、开展能解决一线教师困惑的真研究、追求课程建设中的真收获。

图 4-37　篮球小明星

（1）通过行为研究，积极探索课程各阶段的幼儿行为与教师行为。从幼儿行为中，首先研究幼儿在课程活动中的各种经验与行为表现；其次研究幼儿在课程活动中的学习方式，针对个体进行描述与分析，并随之改变与提升教师的教育策略。从教师行为中，我们着重研究教师游戏活动中的指导策略，探索教师在教育活动中对幼儿生成活动的回应策略、保护性措施、环境创设、介入策略……

图 4-38　教研活动

（2）通过实施案例研究，注重案例积累，在实例剖析、个案反思，及各班教师在互动交流、观摩研讨活动中促使教师在课程实施过程中关注幼儿、了解幼儿、优化教育、促进幼儿的发展。

如：淬砺活动的关键就是要具有挑战性，当然挑战性越强，随之而来的安全隐患就越多，这让很多教师有所顾虑。基于在户外游戏中教师在处理“挑战性”与“安全性”问题上还存在着一些误区，在做法上也常常出现顾此失彼的情况，我们课程研发“实施小组”开展了主题为《幼儿园户外游戏中挑战与安全的博弈》的研讨活动，以案例研究的方式，让我们了解如何在户外游戏中准确把握挑战与安全的尺度，既能让挑战不失本色，又能最大程度地保障幼儿安全。

图 4-39 滚轴树屋

3.“三审三议”制度助推课程研发

课程审议是指课程开发的主体对具体教育实践情境中的问题进行反复讨论和权衡，获得一致性的理解与解释，并最终作出恰当的课程变革决定，采取相应解决策略的过程，是课程开发的重要途径和方法。

我们本着“让教师成为真实的课程设计者”的观念，建立“三审三议”制度，明确课程审议流程，保证课程建设的质量。

（1）一审平台，议挑战

日本著名建筑设计师手冢贵晴说，“建筑可以改变世界”，而我们认为“平台”可以改变幼儿园课程、活动及幼儿的学习与发展。

幼儿园教育活动平台是指教育者为幼儿学习、生活、游戏以及运动等提供的条件与创设的环境而形成的组合关系与空间布局。

平台——让幼儿园课程看得见。陈鹤琴先生提出“活教育”思想，环境即教育，课程需要创设与之匹配的环境来支撑，才便于课程的有效实施。我们坚持让儿童回到课程中央，让幼儿也参与到我们的课程审议中。

如：在打造淬砺环境的前期调查中，我们让全体幼儿参与其中，设计户外区域调查表，请每一个幼儿选择自己最喜欢或认为最具挑战性的游戏区域和材料，给予幼儿充分的自主权。然后，我们依据调查问卷的结果，分析原因，基于幼儿的兴趣点打造了三环式主题户外环境，在环境中融入淬砺教育思想，开展“真、野、趣”的淬砺活动来锻炼幼儿体能，磨练意志，健康身心，助推淬砺课程的有效实施。

图 4–40　幼儿参与环境大讨论

（2）二审设计，议科学

“二审”主要是结合幼儿的年龄特点和兴趣审议设计思路是否科学适宜。主要采用集体备课的形式，通过梳理课程脉络，统一对课程的理解，在对内容的理解的基础上形成课程核心目标，确立每个活动主题。

如：在幼儿园开展淬砺课程，如何切入？经过多维思考，我们认为体育是一个很好的载体，所以，我们提出了“旺体活动”这个构想，旺体活动是核心教育，它融育体、育心、育脑为一体。我们边探索，边实践，初步建构出淬砺课程的基本架构。

“二审”一般在活动进行的前两周开始，首先由课程研发“先导小组”设计活动方案；然后课程研发“实施小组”结合本班幼儿发展状况进行分析，思考方案的可行性、科学性；最后由课程研发“领导小组”审定调整后的最终方案，才能得以实施。

（3）三审内容，议实效

“让幼儿成为学习的主人”这不仅是一句口号，在课程实施过程中，教师除了心中装有课程的预设目标外，更多地应做到追随幼儿。在“三审”中教师可用“发展性”的眼光去审议，是否能做到在原有的预设基础上进行适当的内容转移或是整合和超越，做到根据幼儿在课程中的真正需要与活动中的兴趣及“闪光点”，生成一些符合幼儿发展需要的学习、游戏活动，使课程的开展更具意义。

基于教师的实践需求，我园设立了“问题库机制”，教师在日常课程实施过程中遇到的问题、困惑都可以直接放进问题库中，每周课程研发“先导小组”会汇总老师们的问题与困惑，梳理共性问题，以现场教研的形式共商解决策略。这一阶段强调的是教师自我审议，教师间针对各班级情况进行交流，在沟通的过程中寻求同伴的支持。我园常用的方式是课例研究、案例式研讨，其目的是解决教师在课程实施中的实际问题。

图 4-41 与大朋友一起游戏

如：在户外体能大循环活动中，起初是教师们根据幼儿动作的发展需求，设计运动路线，摆放体育器械，发展幼儿的运动能力。

图 4-42 在米奇操场做游戏

在活动开展了一段时间之后，教师发现大班幼儿的兴趣明显减弱，参与度不高，基于实践中的问题，我园课程研发“先导小组”和“实施小组”就“如何让幼儿成为户外活动真正的主体”，“如何让幼儿更为积极地投入户外活动中，并能培养良好的意志品质，感受运动中的快乐”等内容进行了研讨，决定调整体能大循环的活动策略，以生为本，充分尊重幼儿的选择，将循环的内容、器械、路线及方法都交给幼儿。于是，大班幼儿展开了激烈的讨论……

在课程审议过程中，教师们建立起民主、平等的研讨、对话模式，建立起开放、互动的教科研管理体制。可以说，课程审议为教师营造了一个“互相支撑”的环境，通过群体之间的相互学习、合作、支持、沟通，引导教师对自己的教育理念、行为进行反思，促进其专业提升。

图 4-43 平衡木走小车

三、课程研发结尾曲——我们的收获

一直以来，作为实验性的示范园，依托课题研究，我园一直致力于园本课程的进一步完善、建构和创新中。省级“十一五”体育课题构建了园所一日体育活动的基本架构，晨间带动跳、干浴操、体能锻炼等活动蓬勃开展。国家级“十二五”立项课题使我们在艺术领域有了新的拓展，与健康教育相得益彰，促进了艺体特色的凸显。在“十三五”课题中，我们基于幼儿的发展需求，以“淬砺教育”为切入点，寻找新的课程生长点。

图 4-44　捉泥鳅

我园整合各方面教育资源，开展了一系列具有本园特色的旺体活动，充分发挥体育活动的整合作用，逐步形成系列化的幼儿园淬砺课程，真正体现以健康促进幼儿五大领域全面和谐发展。

如捉泥鳅、野外拓展、采摘节等淬砺活动，使孩子们克服了心中的恐惧，他们挑战了自我，勇敢、坚强地完成了挑战任务，自信心大大增强。

淬砺课程通过一段时间的有效实施，幼儿在旺体、习得等活动中形成了良好的行为习惯，培养了坚持、勇敢、果断、独立、自制等良好的意志品质，感受到了成长的快乐，增强了自信心，即幼儿发展四环。

四、课程研发畅想曲——我们的展望

我们的教育应回归本真，适度磨砺，让孩子释放天性，淬砺成长，使每个孩子成为最好的自己！

我们一直秉承分享的理念来构建一个动态开放的园本教研共同体，让制度成为根本保障，让课程成为有效的载体，让教师成为快乐的主角，让幼儿获得更好的发展。

4-45 滚轮胎

二、家长评价

我园的淬砺教育课程不仅使教师专业得到成长、幼儿身心得到发展，家长也对我园给予了高度的肯定和评价。现列举几位家长的评价，来说明我园的淬砺教育的成效。

雏鹰击长空 淬砺助翱翔

（小一班 王娅瑄爸爸）

雏鹰想要学会飞翔，必须经历在悬崖上被一次次推下去甚至折断翅膀的过程，才能浴火重生，这个过程看似残忍，细思又觉得符合大自然的优胜劣汰的法则。俗话说“不经历风雨怎么见彩虹”，回忆我家小宝贝在省实验幼儿园这一年的成长，我认为雏鹰也能击长空，是淬砺教育在助推她翱翔。

我家瑄瑄从小就比较内向、腼腆、怕生，上幼儿园前，陌生人逗她一句话都会哇哇大哭，大人尴尬不说，孩子也难受。即使经常“动之以情晓之以理”，但是全都不起作用，育儿书看了无数，无奈见了她怯生生的眼神，各种理论瞬间被抛在九霄云外。回想起当初苦恼的我，现在的我万分庆幸我的孩子能步入湖北省实验幼儿园，我的心中对老师充满感激。

回想起瑄瑄入园第一天，在她的嚎啕大哭声中，爸妈狠心地带着担忧离开，可不曾想，在三位老师耐心的抚慰和专业的引导下，她居然能自己吃饭，光这一点在家里是不可想象的。在后续的一年幼儿园生活中，我更是看到了孩子飞跃式的进步。孩子上幼儿园是步入社会的一小步，但在爸妈看来却是她人生重要的一大步。当我看到她从和小朋友在一起集体活动时的不知所措，到能上台自信地表演节目；从动作发展不足，内心对挑战胆怯，到现在能在“淬砺”户外活动场地中大胆地进行挑战性游戏，甚至回家说最喜欢幼儿园的树屋；从内心胆小怕黑，到现在能回来告诉我：“爸爸，我也敢爬我们幼儿园的山洞”；从不会自己上厕所，到现在午睡起床能自己穿衣服；从在集体面前的“呆若木鸡”，到现在的自信、敢于表现等方面，都让我狂喜不已。

在为宝贝骄傲的同时，我对于幼儿园传递给家长的教育理念深信不疑，孩子的成长离不开“淬砺”。温室里的花朵终究无法在骄阳下完成美丽绽放，感谢湖北省实验幼儿园。愿所有的小朋友都能在“淬砺”的教育中收获面对人生的勇气和智慧，并具备良好的抗挫能力，这将是一所幼儿园赐予他们享用一生的宝贵财富。

宝剑磨砺出　淬砺健人格

（大二班　陈奕昂爸爸）

锋利的宝剑必须经过淬火和磨砺。先哲孟子说过，人之有德慧术知者，恒存乎疢疾。人之所以有德行、智慧、追求、才能，永远是他们历经艰辛、不断磨练的结果。试想，如果你把这个道理讲给一个幼儿园的孩子来听，他会睁大眼睛，迷茫地望着你，不知所措。但如果把这种教育理念融入他们平时的生活、游戏、体育锻炼中，潜移默化，润物无声，势必将健全孩子的人格，从而造福他们的一生。

陈奕昂是一个善良可爱的小男孩。刚进幼儿园时，他个子小，而且瘦弱，活泼中带着腼腆，有时甚至表现出胆怯。跟大多数独生子女一样，他有他自私的一面，不太愿意与小伙伴们分享他喜爱的事物。遇到一些稍微超出他能力的困难，就容易放弃或者干脆依赖老师和家长。看着他表现出来的种种行为和个性，我当时不免表现出焦虑，不愿意他成为书中所说的温室内的花朵。身为家长，我多么希望他将来是一个人格健全、身体健壮的男子汉。

进入湖北省实验幼儿园后，我第一次听到了幼儿园的淬砺教育理念。幼儿园领导和班级老师们为了孩子的未来发展，通过丰富多彩的体育活动与体育游戏，打造富有挑战性的户外运动环境等多种教育途径、手段、方式，对幼儿进行意志磨练、精神锤炼、身体训练，从而淬砺其天性，这让我眼前一亮，这就是我一直想要找到的教育方法。学校提供了各类体育游戏设施，如油桶、树屋、梯子和滑滑车等锻炼孩子们的身体运动技能。最为特色的是，为小孩们安排了篮球课，并以此作为学校的标志性代表课程。篮球是一项融个人技术与团队合作的体育项目，陈奕昂十分喜欢。经过了一年多的练习，他已经打得有模有样了。有时回到家，他兴奋地跟我说："我们队今天打篮球赢了，我传球给我的队友大宝和小宝，小宝打篮球很厉害，有时小宝也传球给我。"每当这时，我也兴奋地问他："是不是队友很重要？"这时陈奕昂使劲点点头说："嗯。"就是这样一个细节，使我认识到陈奕昂有团队合作意识了，他有他的同伴了，他会分享了。

几位老师也多次有意无意地给陈奕昂提供讲故事、表演等公开场合锻炼心理的机会。她们细声地询问和鼓励，给陈奕昂缓解了压力，使他鼓足了勇气，大二上学期时，他在周一的升旗仪式上发言"争做文明小天使"。虽然还略显紧张，表现得也不甚完美，但上台发言在以前的陈奕昂身上是不可能发生的事情。他比以前更有勇气了，更有自信了。

通过陈奕昂身上的变化，我深深认识到了淬砺教育的重要性，各种体育游戏和锻炼磨练了小孩的意志品质，建立健全了小孩的人格，增强了小孩的体质。万丈高楼平地起，在小孩人生的初级阶段，通过淬砺教育为他们打下的坚实基础无疑将让他们受用一生。

浅谈淬砺教育

（大一班　彭雨霏爸爸）

记得 2016 年孩子初进幼儿园时，给我印象最深的就是大小宣传栏里几乎都是关于淬砺教育方面的字眼，说实话起初我并没有很在意，也没有认真去思考。随后在一次家长会上聆听了老师授课后，我才对淬砺教育有了一定的认知。淬砺教育到底是什么呢？对孩子的教育能够起到什么作用呢？带着疑问我不停地思考、观察，结合近三年的学习生活，我从孩子身上找到了答案。

随着生活水平的提高，孩子的抗挫能力也随之下降，经不起半点大风大浪，稍有不慎就会大哭大闹，病魔也会如期而至。让人记忆深刻的是，孩子从小就不喜欢户外运动，总是一个人躲在角落里，不愿意接触新鲜事物，总是隔三差五地生病，作为家长，我看在眼里，急在心里，一时也找不到好的办法。自从进入幼儿园后，我逐渐发现孩子变得活泼开朗，愿意接受新事物，积极主动跟其他孩子一起玩耍。随后在与老师的沟通交流中，我了解到这就是湖北省实验幼儿园的全新教育模式——“淬砺教育”。

更让人感到欣慰的是，一次偶然的机会，我看到孩子三五成群地在园内小沟边玩，走进一看才知道正在开展“捉泥鳅”活动，大家齐心协力，个个劲头十足，直到最后仍然意犹未尽，回家的路上，孩子高兴地跟我说，她知道什么是泥鳅了，泥鳅有什么特性，还教我捉泥鳅的好办法，我想这就是淬砺教育中提倡的让孩子释放天性，在玩中去掌握知识，随后开展的各项室内外活动更加加深了我对淬砺教育的理解。

万丈高楼平地起，高楼的质量怎么样，关键是基础，基础做得好不好、牢不牢，关键就是要用心、细心和耐心。造刀剑必需淬火和磨砺，从平时的学习生活中，我也进一步了解到基础教育的重要性，仍然还要加强学习，理论联系实际，多跟老师沟通、请教。让孩子拥有健康的体质、高尚的品格、良好的学习生活习惯，是每位家长不变的追求。

作为中国第一所公立幼儿园的湖北省实验幼儿园在基础教育改革的背景下，始终将幼儿教育放在首位。在“保身体之健旺、养天赋之美材、习善良之言行”的办园理念引领下，秉承“释放天性、回归本真、淬砺教育、健康身心”的课程理念，打破原有的“圈养”模式，让孩子走出教室，磨砺意志，全面提高综合素质。通过三年的基础教育，孩子各方面的习惯均已养成，身体素质明显好转，这与湖北省实验幼儿园的办学理念密不可分，在此，向各位老师表示衷心的感谢！我相信，在未来的日子里，湖北省实验幼儿园会越办越好，每位实幼宝宝都能从中受益。

在这里与淬砺教育相遇

（小一班　瓜瓜爸爸）

我与淬砺教育的相遇，缘起于孩子步入湖北省实验幼儿园的第一天。我原料想孩子面对新环境可能经历各种哭闹，并由此产生各种担心，但一切在我入园接孩子的那一瞬便烟消云散了。伴着夕阳的余晖，孩子与新认识的小伙伴们正在户外尽情嬉戏，不愿离去，没有丝毫初入幼儿园的不适。我问老师是怎么做到的，老师充满自信地告诉我，这归功于幼儿园推行的淬砺教育。

什么是淬砺教育？这不禁激起了我的好奇。没有高大上的理论，全是接地气的实操。所有你想要的答案，都写在孩子日新月异的成长里。“将孩子的成长融入大自然”，“想办法在孩子和自然之间连结起一条纽带”，是淬砺教育最打动人的地方。“能奔跑、能跳跃”的体育活动，增强孩子的体质健康和身体协调性。“能想象、能创造”的探索活动，培养孩子在大自然中发现美、鉴赏美、感受美的能力。“能动手、能合作”的互动活动，发挥着培养理念、教习道理的作用，让孩子在良好卫生、生活、行为习惯的养成上，既有了“我该做”这根弦，也让“我要做”的念头渐植于心……

一个多学期很快过去了。在淬砺教育的浸润下，孩子的身体壮实多了，环境适应能力、生活自理能力、身体协调能力、阅读理解能力、艺术表现能力、探究创造能力等明显提升，特别是语言发展突飞猛进，让家人尤为欣喜。

好的教育来自好的幼儿园。什么是最好的幼儿园？它不一定是那个一开始你最向往的，但它肯定是那个你进去之后最难舍难分的。用心经营着淬砺教育的省实验幼儿园，就是我和孩子心中最好的存在。

一切才刚刚开始，我们和淬砺教育的故事未完待续。

第三节　淬砺教育园本课程成效

淬砺教育园本课程实施20余年来，全体教职员工克难攻坚、守正出新，中国公立第一园的蒙养文化不断彰显，课程特色愈发鲜明。园所发生着翻天覆地的变化，办园水平节节攀升，在百年发展史上写下了浓墨重彩的一笔。

幼儿园淬砺教育课程在省、市、区及全国进行推广，淬砺教育的应用越来越广泛。2016年以来，我园参与以"淬砺教育"为主题的学术交流30余次，全体教师撰写的淬砺教育文章获国家级及省、市、区级论文评比奖项50余次。

一、示范辐射

近几年，我园的"淬砺教育"改革实践不断受到国内外幼教同行的广泛关注，香港幼稚园、挪威泰勒马克大学、新疆博州幼儿园、西藏幼儿园、亿童、爱立方教育机构同行及全省园长培训班学员共计3万余人先后多次来园参观考察学习。深圳大学陆克俭教授对我园的"淬砺教育"给予高度评价："不愧是中国公立第一园，体育活动有特色、有思想、有深度。"

同时，我园的淬砺教育也得到了各大媒体的充分关注与推荐：2016年5月，《长江日报》以题为《幼儿体能进行拓展训练》的文章对我园进行报道宣传；2017年，湖北经视电视台报道《萌娃走天下》；2018年《幼教365》杂志报道历史名园——中国公立第一园，《学前教育》杂志发表《蒙学养正，守正出新》……这些报道引起了社会的广泛关注。

幼儿园经过多年研究公开出版的“十一五”课题研究成果《幼儿园一日体育活动整合手册》，2010年由南京师范大学出版社出版发行。本书首印之后，由于社会反响较好，供不应求，近几年先后五次重刷。该书被湖北幼儿师范高等专科学校选为学生的教学用书。与2018年出版的课题研究成果《园所文化背景下的幼儿园环境创设》一书一起，这两本书成为湖北省乃至全国幼儿园的教材，在实践活动中被广泛借鉴使用。使用过的幼儿园均表示，这两本书实用性强，颇受教师欢迎，并能使幼儿体能得到较好的发展，促进幼儿健康快乐地成长，其科学性和实用性被幼教同仁点赞。如香港圣雅格幼稚园、长洲圣心幼稚园，省内的荆州实验幼儿园、黄冈市小蜜蜂幼儿园、武昌区中南财经政法大学幼儿园、武汉大学三分园、南湖花园幼儿园、旺斯达幼儿园、幸福泉幼儿园、可得龙幼儿园等均将这两本书中的内容应用到自己的保教实践中。省内外参加国培班的园长、老师们纷纷购买这两本书进行学习，将成果运用到自身幼儿园的实践教学工作中，对书做出了极高的评价。这些书还给西部边疆地区带来福音，促进两地教学交流，新疆生产建设兵团第五师楚天红星双语幼儿园在使用这些书后，也给予了高度评价。

除了在大陆地区的影响外，香港教育局杨冯慧懿、香港教联曹若莲主席、香港教育交流研究中心詹华军总监也给予高度肯定。香港教育局杨冯慧懿表示：“这两书很全面，既可以学习到理论，又有很多课程内容，是香港幼稚园老师的帮手。”挪威泰勒马克大学的教授和学生也同样给予了较高的评价。

二、幼儿发展

教育的最终受益者是幼儿，通过几年的淬砺教育的实施，根据幼儿的年龄特点，创设科学的淬砺环境、实施适宜的淬砺教育，使幼儿在一日生活、学习游戏活动中形成了良好的行为习惯。

（一）增强幼儿的身体素质

生长发育是儿童机体的基本特点。生长和发育是不能截然分开的，它包含着机体质和量两方面的动态变化。判断幼儿生长发育状况的最简单、最可靠的指标是体重和身高。体重是反映近期营养状况的敏感指标，短期内体重的增减很容易测量出来。身高反映长期的营养状况和骨骼生长的速度，需要间隔较长时间才能明显地测量到。整个幼儿时期，生长发育在不断地进行，但在不同的年龄，生长发育的速度也不尽相同。我园校医在每次体检后对比数据，发现通过我们的淬砺教育，幼儿的身长体重都比同期有大幅度的增长。我园的淬砺教育使幼儿肌肉系统紧张度增加，肌纤维增粗，耐力和活动力增强；能使呼吸加快加深，增加肺活量，发达呼吸肌；能使血液循环加速，心脏收缩力加强，改善心、血管功能；能使神经系统反应灵活、迅速；能活跃物质代谢，改善消化功能，提高食欲、睡眠质量等。

我园的幼儿身体强壮了，生病现象少了，出勤率提高了，幼儿的出勤率每月都在95%以上，幼儿血色素2018年、2019年连续两年全园100%达标。

（二）锻炼幼儿的动作技能

淬砺教育是园本课程发展的主要内容。淬砺教育锻炼是利用因素（日光、空气、水）增机体体制，使机体与不断变化着的外界环境保持协调的过程。幼儿的体质强弱既受先天因素的影响，又与后天的营养和锻炼有关。足够的营养是机体生长发育的必要条件之一。正确利用自然界的各种因素锻炼身体，则能增强体质，促进儿童的生长发育，提高对自然环境的适应能力，增强抵抗力，减少疾病，保持健康。我园利用空气、日光和水进行游戏、运动。户外活动时间每天保持在2小时以上。冬季亦应安排一定时间的户外淬砺活动。同时坚持20年进行日光浴、空气浴、干浴操的练习。

游戏是儿童的生命，是幼儿生活中不可缺少的内容。游戏有利于儿童的身体发育，有利于健康。我们在淬砺教育中安排了适宜的、不同的内容，发展了走、跑、跳、钻、爬动作，使全身大小肌肉活动起来，使幼儿动作灵活、耐力增强。同时在对幼儿实施淬砺教育的过程中，要注意以下事项：

① 根据年龄、性别及健康状况选择适当的淬砺锻炼项目。

② 做到循序渐进。锻炼项目由少到多,时间由短到长,活动量由小到大。

③ 做好运动前的准备活动和运动后的整理活动。

④ 持之以恒才能收到增强体质、促进健康的效果。

⑤ 注意安全。

⑥ 合理安排运动、生活作息。

（三）提高幼儿的心理素质

通过长期的淬砺教育，幼儿的心理抗挫能力增强了。能够承受一定的压力，心理上少了恐惧、害怕、自卑，自信心、规则意识增强了，社会性发展极大进步。丰富了幼儿的知识，发展了思维、想象、观察和动作能力的敏捷性。锻炼了幼儿团结互助的精神和乐观上进的意志品质。

三、园所发展

2019 年 5 月 30 日，全国政协常委、教科卫体委员会主任袁贵仁同志（原国家教育部部长）率领调研组一行 15 人莅临湖北省实验幼儿园，就“专项调研”观摩了幼儿的户外自主活动，省实验幼儿园园长夏君向调研组领导介绍了幼儿园的办园历史、蒙养文化、办园理念以及淬砺教育特色。幼儿展示出的强健体魄、灵活协调的身体素质和勇敢顽强的意志品质，处处获得领导专家连连称赞，他们评价道：“你们可以不这样做，但你们这样做了，幼儿发展得这样好，是你们的责任和担当驱使你们不懈努力！”

（一）淬砺教育特色鲜明

随着淬砺教育的深入推进，我园办园特色逐步彰显，助推了幼儿园内涵建设。

2015 年 12 月，首届全国“两寻找”“三研究”幼儿园玩具与游戏研讨会在我园设立了分会场，由北京师范大学著名幼教专家刘炎教授主持，来自全国各地的幼教同仁、各高校学前教育系的老师们参与了此次会议。大家观摩我园的淬砺活动后，对我们的淬砺教育充分认可，更有专家称赞道："湖北省实验幼儿园做的是咱们中国的幼教，培养的是优秀的中国儿童。"

2018 年 1 月，我园在国家学前教育改革发展实验区暨"武汉市第三轮学前教育保教实验"市级研讨会上作了主题为《园本课程开发制度助推"淬砺"课程建设》的经验分享，武汉市教育科学研究院给予高度评价："研究方法合理，具有推广借鉴价值，创造了许多有益的经验。"

（二）课题研究成效显著

湖北省学前教育研究会"十一五"重点课题《体育活动在幼儿园一日活动中整合作用的研究》获"湖北省学前教育研究会课题评比"一等奖；湖北省学前教育研究会"十二五"重点课题《在元素性节奏活动中发展幼儿创造力的实践研究》获"湖北省学前教育研究会课题评比"一等奖、国家级三等奖。因课题研究取得的显著成效，我园被评为"湖北省学前教育科研课题先进单位"。

湖北省教育科学规划院"十三五"重点课题《淬砺环境下提升幼儿抗挫能力的实践研究》，深化幼儿园淬砺教育，彰显"淬砺教育"园本课程理念，进一步完善了幼儿园"淬砺教育"园本课程体系，促进了园所内涵发展，提升了办园品质。湖北省教育科学研究院姜瑛俐主任作为我园"十三五"课题评审专家反馈："作为公立第一园的湖北省实验幼儿园，坚持站在儿童健康成长的角度，积极研究与探索淬砺教育，推进幼儿园课程发展。"2018 年 5 月，第一阶段研究成果《园所文化背景下的幼儿园环境创设》一书结集出版，当月就被抢购一空，深受幼教同行欢迎，2019 年 6 月重印。这本书的出版发行，对广大幼教同行如何依托园所文化、打造室内外环境发挥着较强的借鉴和参考价值。

2019 年 10 月，专著《淬砺教育的当代实践》即将出版。这本书一经出版，将对国内外幼教同行进行幼儿淬砺教育起到极大的示范引领作用。

后 记

历经20余载的园所文化建设与淬砺教育实践，伴随着湖北省“十三五”教育科学规划课题《在淬砺环境中提升幼儿抗挫能力的实践研究》的深入开展，在现任园长及课题主持人夏君的带领下，课题组教师历经一次次实践探索，梳理提炼实践成果，《淬砺教育的当代实践》一书终于定稿。

本书的撰写缘起于2014年的室内环境改造。百年老园的文化底蕴如何合理呈现于环境之中？基于此，我们通过各种形式的教研达成共识，将办园理念和淬砺教育思想有机融入室内环境创设，随着旺体、习德、美材课程的推进，常换常新的教育环境成为幼儿健康生活和淬砺成长的乐园。2015年、2018年，幼儿园又进行了户外游戏场的重新设计与打造，淬砺墙、游嬉山、飞行滑索、挑战树屋……淬砺教育思想自然融入户外环境。真、野、趣的户外环境为孩子的成长插上了腾飞的翅膀。持续不断的有思想的环境改造和课题研究，有力助推了淬砺教育园本课程体系的建构，淬砺教育园本课程呈现出鲜活的生命力，深受家长的认同和社会的赞誉！国内外幼教同行多次来访，寻根百年幼教，探访淬砺教育；全国政协“幼有所育”调研组来访，孩子们展示出的强健体魄、灵活协调的身体素质和勇敢顽强的意志品质获得领导专家连连称赞：“你们本可以不这样做，但你们这样做了，孩子们发展这么好，这是你们的责任和担当！如果全国的幼儿园都像你们这样办就好了。”这些经历更坚定了我们著书留痕、与同行进行分享的信心。

全书由夏君整体规划，拟定大纲，并执笔撰写了大部分书稿，数次修改全书定稿。幼儿园行政领导团队分别负责执笔各章节。本书第一章《淬砺教育的形成与发展》执笔人为夏君、刘丹；第二章《淬砺教育园本课程实施》执笔人为夏君、孙小晶、刘丹等；第三章《淬砺教育园本课程资源的开发》执笔人为夏君、徐金晶；第四章《淬砺教育园本课程案例》执笔人为陶芳、闫运芳。佘欢、黄星星、潘小玉、肖玉、陈静、陈谢梦颖、聂琛惠、刘彦辰、吴娇、马双、印传芳、毛晚霞、舒文琪、刘圆圆等一线教师完成了部分教学活动方案、案例、论文的撰写工作。本书图片均来自于著作者本园教师拍摄。本书还收集了近10篇大中型淬砺教育活动中的园长致辞，具有很强的借鉴和参考价值。

本书的编写和出版工作还得到了湖北幼儿师范高等专科学校领导以及多名幼教专家的大力支持，贺绍华副校长撰写了序言。在此，对所有给予我们帮助的领导和同行表示最诚挚的谢意！

路漫漫其修远兮。在进行淬砺教育园本课程的保教实践中，还有很多值得探讨和深入挖掘的地方，由于时间仓促，水平有限，本书难免有许多不尽如人意的地方。我们诚恳地希望得到各位专家与读者的宝贵批评和建议，不断完善我们的淬砺教育实践。

湖北省实验幼儿园

2019年8月